AF346511

DEMONSTRATION

DE

L'EXISTENCE

DE DIEU,

Tirée de la connoissance de la Nature, & proportionnée à la foible intelligence des plus simples.

A PARIS,

Chez Jacques Estienne, ruë S. Jacques, à la Vertu.

M. DCC. XIII.

Avec Approbation, & Privilege du Roy.

AVERTISSEMENT.

IEN n'eſt plus hon-
teux pour nous, &
ne marque mieux
nôtre corruption,
que la néceſſité où ſont les
perſonnes zélées d'écrire ſur
l'éxiſtence de Dieu. La raiſon, il eſt vrai, n'eſt dans
aucun homme affoiblie juſqu'à méconnoître entiere-
ment ſon auteur, juſqu'à
ignorer une vérité qu'il a

eu soin de graver dans chaque partie de son ouvrage.
Sçavoir qu'on éxiste, c'est
presque sçavoir que Dieu
éxiste. L'idée de nous-
mêmes est si parfaitement
unie à celle de Dieu, qu'on
ne peut développer un peu
la premiere, sans être frappé de l'éclat que jette la
seconde. On ne peut se
dérober à sa clarté ; & s'il
y a eu des hypocrites d'a-
théisme, il n'y a jamais eu
de véritables athées. L'opinion qu'on a de la mauvaise
foi de ces impies, est ap-
puiée sur l'aveu qu'ont fait
en mille occasions les plus

déterminez d'entre eux, qu'ils ne pouvoient s'empêcher de croire l'éxistence de Dieu, dans le tems qu'ils mettoient tout en ufage pour empêcher qu'on ne la crût. Ni le petit nombre de ceux qui n'ont pas été fi finceres ; ni la fureur de trois ou quatre, qui ont ofé foûtenir leur impieté jufqu'à la mort, ne détruifent point la preuve complete que forme cet aveu. On peut porter loin la diffimulation. L'entêtement d'une fauffe gloire ; je ne fçai quelle rage qui s'empare d'une ame aban-

donnée de Dieu , la tranf-
portent , & l'engagent à
confommer fon crime. Le
defefpoir d'un homme qui
croit fans en douter un
Dieu ; qui fe voit prêt d'é-
prouver les rigueurs de fa
juftice ; & qui refufe de fe
reconcilier avec lui, eft une
difpofition plus bizarre que
la diffimulation obftinée des
prétendus athées : & cependant elle n'eft que trop ordinaire.

Il eft donc certain que
comme il n'y a point de véritables athées, ce n'eft pas
pour eux que l'on écrit fur
l'éxiftence de Dieu ; & que

lorſqu'on entreprend de la prouver, on ne veut pas détromper des eſprits convaincus : on veut affermir des eſprits ébranlez. Ce n'eſt pas une erreur établie qu'on combat : ce ſont des doutes qu'on prévient, & qu'on diſſipe. Mais nôtre confuſion doit - elle être moindre ? Devons - nous moins rougir du crime des impies, que nous ne rougirions de l'aveuglement d'un véritable athée? Et ſi la foibleſſe d'un eſprit, à qui la vérité la plus claire ſeroit entierement cachée, deshonoreroit la nature humaine :

la perverſité d'un cœur qui veut ſe cacher la vérité la plus claire, qui fait gloire de l'ignorer, & de la combattre, deshonore - t - elle moins le genre humain? Quelle horreur ne doit-on pas avoir de ces ſcélerats, qui, rebelles contre le premier de tous les Souverains, ingrats envers le plus libéral de tous les bienfaicteurs, perſuadez intérieurement de ſon éxiſtence, s'efforcent d'arracher de leur eſprit cette perſuaſion, cherchent à en douter, travaillent continuellement à exciter des nuages pour obſcurcir cette

lumiere si pure qu'ils ne
peuvent éteindre, s'épuisent
en systhemes qui fassent au
moins douter les autres, &
augmentent le nombre des
incrédules, misérable & seule
ressource qui leur reste pour
calmer leurs remords, & rendre, s'il se peut, l'incrédulité
probable, par la multitude
imaginaire des incrédules ?
Que leurs efforts sont vains !
Toutes les véritez sont tellement liées avec cette premiere vérité, que chacune d'elles
en peut devenir la preuve.
L'Esprit ne peut s'appliquer
à rien qui ne lui présente
Dieu. Que le métaphysicien

ſe perde dans les ſubtilitez de cette ſcience abſtraite ; qu’il ſuive des routes où peu de gens peuvent le ſuivre : il y rencontre Dieu. Que le mathématicien s’occupe uniquement des corps, & de leurs meſures ſenſibles : il y découvre Dieu, quoiqu’il ſoit eſprit. Qu’un amateur de l’hiſtoire charge ſa mémoire d’évenemens : la ſageſſe, la juſtice, la bonté de Dieu maître des évenemens ne lui peut être inconnuë ; & l’hiſtoire de la religion, à laquelle il voit tout rapporté par une intelligence ſuprême, devient

pour lui une démonstration
de l'éxistence de cette intelligence. Qu'un voiageur
erre en divers païs : il trouve par tout Dieu, connu au
moins confusément ; & se
persuade aisément qu'il faut
être bête pour l'ignorer.

Mais de toutes les preu-
ves, la plus évidente est celle
qui se tire de la connoissance de l'Univers, & de la
connoissance de l'homme en
particulier. Nous apprenons
de saint Paul & du Sage,
ou plûtôt le Saint Esprit,
dont ils étoient les organes,
nous apprend par eux, que
cette démonstration a con-

vaincu les philosophes, & qu'elle doit convaincre tout homme attentif. Elle est exposée en tant d'endroits des Pseaumes, & le Roi Prophète est si sublime, si touchant, quand il l'explique, qu'on voit bien qu'il en étoit pénétré. Les saints Peres en ont connu la force ; & ils n'ont rien oublié pour la mettre dans son jour, pleins d'une juste confiance qu'elle suffisoit pour détruire l'impiété. Lactance dans son livre de l'Ouvrage de Dieu ; saint Athanase dans son traité contre les Gentils ; saint Grégoire

de Nazianze dans ſa trente-
quatrieme oraiſon ; ſaint
Baſile & ſaint Grégoire de
Nyſſe dans leurs expoſitions
du premier chapitre de la
Geneſe, ont emploié toute
leur éloquence à rendre ſenſible cette démonſtration.
Grenade s'eſt plus étendu
qu'aucun de ces ſaints Docteurs dans ſon catéchiſme ;
& il en eſt venu aux moindres détails, pour rendre
cette preuve familiere.

L'Auteur dont on nous
donne l'ouvrage, s'eſt appli-
qué après tant de grands
hommes à l'approfondir, à
l'appuier ſur les principes

de la plus éxacte philosophie, & en même tems à
la proportionner à la portée
des plus simples. Nôtre siecle a peu d'hommes capa-
bles d'éxécuter un si grand
dessein. Celui qui l'a formé, l'a parfaitement éxécu-
té. Il falloit un génie sublime pour pénétrer tous
les ressorts de la nature,
pour en peindre les beautez.
Il falloit un génie aisé, une
éloquence abondante, va-
riée, douce, insinuante,
pour rendre ces beautez sensibles ; pour abbaisser jusqu'au peuple, ce que la philosophie a de plus élevé ;

pour rendre acceſſibles les profondeurs de Dieu. Il falloit un génie ferme, ſubtil pour prévenir toutes les chicanes des impies. Ces qualitez paroiſſent dans l'ouvrage, & découvrent l'Auteur, que ſon ſtile ſeul découvriroit aſſez.

Il eſt fâcheux que le Public ne profite que des larcins qu'on lui fait. S'il avoit voulu revoir cet ouvrage, il y auroit peut-être apperçu des défauts que perſonne n'y verra.

Après tout, l'ouvrage tel qu'il paroît eſt le meilleur que nous aïons de ce genre ; & fi le goût délicat de l'illuftre Auteur y trouve quelque chofe à perfectionner, je ne fçai fi fa délicateffe ne fera pas exceffive ; & fi en cette occafion fa modeftie ne l'emportera pas fur fon bon goût.

DEMONSTRA-

DEMONSTRATION

D E

L'EXISTENCE DE DIEU,

Tirée de la connoiſſance de la Nature, & en particulier de la connoiſſance de l'Homme, proportionnée à la portée des plus ſimples.

I.

Les preuves Métaphyſiques de l'éxiſtence de Dieu ne ſont pas à la portée de tout le monde.

E ne puis ouvrir les yeux, ſans admirer l'art qui éclate dans toute la Nature. Le moindre coup

A

d'œil suffit pour appercevoir la main qui fait tout.

Que les hommes accoûtumez à méditer les véritez abstraites, & à remonter aux premiers principes, connoissent la Divinité par son idée : c'est un chemin sûr pour arriver à la source de toute vérité. Mais plus ce chemin est droit & court : plus il est rude, & inaccessible au commun des hommes qui dépendent de leur imagination.

C'est une démonstration si simple, qu'elle échape par sa simplicité aux esprits incapables des opérations purement intellectuelles. Plus cette voie de trouver le premier Etre est parfaite, moins il y a d'esprits capables de la suivre.

II.

*Les preuves morales de l'exis-
tence de Dieu font à la portée
de tout le monde.*

Mais il y a une autre voie
moins parfaite, & qui est proportionnée aux hommes les plus
médiocres. Les hommes les
moins exercez au raisonnement,
& les plus attachez aux préjugez sensibles, peuvent d'un seul
regard découvrir celui qui se
peint dans tous ses ouvrages.
La sagesse & la puissance qu'il
a marquées dans tout ce qu'il
a fait, se font voir comme dans
un miroir à ceux qui ne le
peuvent contempler dans sa
propre idée. C'est une philosophie sensible & populaire,
dont tout homme sans passions,
& sans préjugez, est capable.

Aug lib. 3.
de Lib. arb.

Humana autem anima rationalis est, quæ mortalibus vinculis peccati pæna tenebatur, ad hoc diminutionis redacta, ut per conjecturas rerum visibilium ad intelligenda invisibilia niteretur.

III.

Pourquoi si peu de personnes font attention aux preuves que la Nature fournit de l'éxistence de Dieu.

Si un grand nombre d'hommes d'un esprit subtil & pénétrant, n'ont jamais trouvé Dieu par ce coup d'œil jetté sur toute la Nature, il ne faut pas s'en étonner. Les passions qui les ont agitez, leur ont donné des distractions continuelles ; ou bien les faux préjugez , qui naissent des passions, ont fermé leurs yeux à ce grand spectacle.

Un homme paſſionné pour une grande affaire, qui emporteroit toute l'application de ſon eſprit, paſſeroit pluſieurs jours dans une chambre en négociation pour ſes interêts, ſans regarder ni les proportions de la chambre, ni les ornemens de la cheminée, ni les tableaux qui ſeroient autour de lui. Tous ces objets ſeroient ſans ceſſe devant ſes yeux, & aucun d'eux ne feroit impreſſion ſur lui. Ainſi vivent les hommes. Tout leur preſente Dieu, & ils ne le voient nulle part. Il étoit dans le monde, & le monde a été fait par lui : & cependant ce monde ne l'a point connu. *In mundo erat, & mundus per ipſum factus eſt, & mundus eum non cognovit.* Ils paſſent leur vie ſans avoir apperçû cette repréſentation ſi ſenſible de la Divinité : tant la faſcina-

Ipſius vero mundi, qui omnia complexu ſuo coercet & continet, non artificioſè ſolùm, ſed plane artifex ab eodem Zenone dicitur, conſultrix & provida utilitatũ, opportunitatumque omnium. Cic. lib. 2. de Nat. Deor.

Joan. 1. 10.

tion du monde obſcurcit leurs yeux : *Faſcinatio nugacitatis obſcurat bona.* Souvent même ils ne veulent pas les ouvrir , & ils affectent de les tenir fermez , de peur de trouver celui qu'ils ne cherchent pas. Enfin ce qui devroit le plus ſervir à leur ouvrir les yeux, ne ſert qu'à les leur fermer davantage , je veux dire la conſtance & la régularité des mouvemens que la ſupreme Sageſſe a mis dans l'Univers. Saint Auguſtin dit que ces merveilles ſe ſont avilies par leur répétition continuelle : *Aſſiduitate viluerunt.* Cicéron parle préciſément de même. A force de voir tous les jours les mêmes choſes, l'eſprit s'y accoûtume, auſſi-bien que les yeux. Il n'admire, ni n'oſe ſe mettre en aucune maniere en peine de chercher la cause des effets qu'il voit toûjours arriver de la même sorte : comme si c'etoit la nouveauté, & non pas la grandeur de la chose même qui dût nous porter à faire cette recherche : *Sed assiduitate quotidiana & consuetudine oculorum assuescunt animi, neque admirantur, neque requirunt rationes earum rerum, quas semper vident, perindè quasi novitas nos magis quàm magnitudo rerum debeat ad exquirendas causas excitare.*

Cic. lib. 2. de Nat. Deor.

IV.

Toute la Nature montre l'éxistence de son auteur.

Mais enfin toute la Nature montre l'art infini de son auteur. Quand je parle d'un art, je veux dire un assemblage de moiens choisis tout exprès pour

parvenir à une fin précife. C'eft
un ordre, un arrangement, une
induftrie, un deffein fuivi. Le
hazard eft tout au contraire une
caufe aveugle & néceffaire, qui
ne prépare, qui n'arrange, qui
ne choifit rien, & qui n'a ni
volonté, ni intelligence. Or je
soutiens que l'Univers porte le
caractere d'une caufe infiniment puiffante & induftrieufe.
Je foutiens que le hazard,
c'eft-à-dire le concours aveugle
& fortuit des caufes néceffaires
& privées de raifon, ne peut
avoir formé ce tout. C'eft ici
qu'il eft bon de rappeller les
célebres comparaifons des anciens.

In quibus nulla temeritas, fed ordo apparet, & artis quædam fimilitudo. Cic. de Nat. Deor. l. 2.

V.

Belles comparaisons qui prouvent que la Nature montre l'existence de son auteur.

Premiere comparaison, tirée de l'Iliade d'Homere.

Qui croira que l'Iliade d'Homere, ce poëme si parfait, n'ait jamais été composé par un effort du génie d'un grand Poëte ; & que les caracteres de l'alphabet aiant été jettez en confusion, un coup de pur hazard, comme un coup de dez, ait rassemblé toutes les lettres précisément dans l'arrangement necessaire pour décrire dans des vers pleins d'harmonie & de variété, tant de grands evenemens ; pour les placer, & pour les lier si bien tous ensemble ; pour peindre chaque objet avec tout ce qu'il a de plus gracieux, de plus noble, & de plus touchant; enfin pour faire parler chaque perfonne felon fon caractere, d'une maniere fi naïve & fi paffionnée? Qu'on raifonne, & qu'on fubtilife tant qu'on voudra, jamais on ne perfuadera à un homme fenfé, que l'Iliade n'ait point d'autre auteur que le hazard. Cicéron en difoit autant des Annales d'Ennius ; & il ajoûtoit que le hazard ne feroit jamais un feul vers, bien loin de faire tout un poëme. Pourquoi donc cet homme fenfé croiroit-il de l'Univers, fans doute encore plus merveilleux que l'Iliade, ce que fon bon fens ne lui permettra jamais de croire de ce poëme ? Mais paffons à une autre comparaifon, qui eft de

Lib. 2 de Nat. Deor.

faint Grégoire de Nazianze.

V I.

*Seconde comparaifon, tirée du fon
des inftrumens.*

Si nous entendions dans une
chambre, derriere un rideau,
un inftrument doux & harmo-
nieux, croirions-nous que le hazard, fans aucune main d'homme, pût avoir formé cet inftrument ? Dirions-nous que les
cordes d'un violon feroient ve-
nuës d'elles-mêmes fe ranger, &
s'étendre fur un bois, dont les
pieces fe feroient collées enfemble, pour former une cavité,
avec des ouvertures régulières ?
Soutiendrions-nous que l'archet
formé fans art, feroit pouffé
par le vent, pour toucher chaque corde fi diverfement, &
avec tant de juftefle ? Quel ef-

prit raifonnable pourroit douter férieufement, fi une main
d'homme toucheroit cet inftrument avec tant d'harmonie? Ne
s'écrieroit-il pas qu'une main
fçavante le toucheroit? Ne nous
laiffons point de faire fentir la
même vérité.

VII.

Troifieme comparaifon, tirée d'une ftatuë.

Qui trouveroit dans une Ifle
déferte & inconnuë à tous les
hommes, une belle ftatuë de
marbre, diroit auffi-tôt : fans
doute il y a eu ici autrefois
des hommes ; je reconnois la
main d'un habile fculpteur ;
j'admire avec quelle délicateffe
il a fçû proportionner tous les
membres de ce corps, pour
leur donner tant de beauté, de

grace, de majesté, de vie, de tendresse, de mouvement, & d'action.

Que répondroit un homme, si quelqu'un s'avisoit de lui dire : non, un sculpteur ne fit jamais cette statuë. Elle est faite, il est vrai, selon le goût le plus exquis, & dans les regles de la perfection : mais c'est le hazard tout seul qui l'a faite. Parmi tant de morceaux de marbre, il y en a eu un qui s'est formé ainsi de lui-même ; les pluies & les vents l'ont détaché de la montagne ; un orage très violent l'a jetté tout droit sur ce pied-estal, qui s'étoit préparé de lui-même dans cette place. C'est un Apollon parfait comme celui de Belvedere. C'est une Vénus qui égale celle de Médicis. C'est un Hercule qui ressemble à celui de Farnese. Vous croi-

riez, il est vrai, que cette figure marche, qu'elle vit, qu'elle
pense, & qu'elle va parler :
mais elle ne doit rien à l'art ;
& c'est un coup aveugle du hazard, qui l'a si bien finie, &
placée.

VIII.

*Quatrieme comparaison, tirée
d'un tableau.*

Si on avoit devant les yeux
un beau tableau qui repréfen-
tàt, par exemple, le paffage de
la Mer rouge avec Moïfe, à
la voix duquel les eaux fe fendent & s'élevent comme deux
murs, pour faire paffer les
Ifraëlites à pied fec au travers
des abîmes : on verroit d'un
côté cette multitude innombrable de peuple plein de confiance & de joie, levant les

mains au ciel ; de l'autre côté
l'on appercevroit Pharaon avec
les Egyptiens pleins de trouble
& d'effroi, à la vûë des vagues
qui se rassembleroient pour les
engloutir. En vérité où seroit
l'homme qui osât dire qu'une
servante barboüillant au hazard
cette toile avec un balai, les
couleurs se seroient rangées
d'elles-mêmes pour former ce
vif coloris, ces attitudes si va-
riées, ces airs de têtes si paf-
sionnez, cette belle ordonnan-
ce de figures en si grand nombre, sans confusion, cet accom-
modement de draperies, ces
distributions de lumieres, ces
dégradations de couleurs, cette
exacte perspective, enfin tout
ce que le plus beau génie d'un
peintre peut rassembler. Encore s'il n'étoit question que
d'un peu d'écume à la bouche

d'un cheval, j'avouë, suivant
l'hiſtoire qu'on en raconte, &
que je ſuppoſe ſans l'éxaminer,
qu'un coup de pinceau jetté de
dépit par le peintre, pourroit
une ſeule fois dans la ſuite des
ſiecles la bien repréſenter. Mais
au moins le peintre avoit - il
déja choiſi avec deſſein les
couleurs les plus propres à repréſenter cette écume, pour les
préparer au bout du pinceau.
Ainſi ce n'eſt qu'un peu de hazard qui a achevé ce que l'art
avoit déja commencé. De plus
cet ouvrage de l'art & du hazard tout enſemble, n'étoit
qu'un peu d'écume, objet confus, & propre à faire honneur à
un coup de hazard ; objet informe, qui ne demande qu'un
peu de couleur blanchâtre écha-
pée au pinceau, ſans aucune
figure préciſe, ni aucune correction

rection de deſſein. Quelle comparaiſon de cette écume avec
tout un deſſein d'hiſtoire ſuivie,
où l'imagination la plus fecon-
de, & le génie le plus hardi,
étant ſoutenu par la ſcience
des regles, ſuffiſent à peine
pour exécuter ce qui compoſe
un tableau excellent ? Je ne
puis me reſoudre à quitter ces
exemples, ſans prier le lecteur
de remarquer que les hommes
les plus ſenſez ont naturellement une peine extreme à croire que les bêtes n'aient aucune
connoiſſance, & qu'elles ſoient
de pures machines. D'où vient
cette répugnance invincible en
tant de bons eſprits ? C'eſt qu'ils
ſuppoſent avec raiſon que des
mouvemens ſi juſtes, & d'une
ſi parfaite méchanique, ne peuvent ſe faire ſans aucune induſtrie, & que la matiere ſeule,

fans art, ne peut faire ce qui marque tant de connoiffance. On voit par là que la raifon la plus droite conclut naturellement que la matiere feule ne peut, ni par les loix fimples du mouvement, ni par les coups capricieux du hazard, faire des animaux qui ne foient que de pures machines. Les Philofophes même qui n'attribuent aucune connoiffance aux animaux, ne peuvent éviter de reconnoître, que ce qu'ils fuppofent aveugle & fans art dans ces machines, eft plein de fageffe & d'art dans le premier moteur qui en a fait les refforts, & qui en a réglé les mouvemens. Ainfi les Philofophes les plus oppofez reconnoiffent également que la matiere & le hazard ne peuvent produire fans art tout ce qu'on voit dans les animaux.

IX.
Examen particulier de la Nature.

Après ces comparaisons, sur lesquelles je prie le lecteur de se consulter simplement soi-même, sans raisonner, je crois qu'il est temps d'entrer dans le détail de la Nature. Je ne pretends pas la pénétrer toute entiere. Qui le pourroit ? Je ne pretends même entrer dans aucune discussion de physique. Ces discussions supposeroient certaines connoissances approfondies, que beaucoup de gens d'esprit n'ont jamais acquises : & je ne veux leur proposer que le simple coup d'œil de la face de la Nature. Je ne veux leur parler que de ce que tout le monde sçait, & qui ne demande qu'un peu d'attention tranquille & férieuſe.

X.
De la ſtruĉture générale de l'Univers.

Arrêtons-nous d'abord au grand objet, qui attire nos premiers regards; je veux dire la ſtruĉture générale de l'Univers. Jettons les yeux ſur cette terre qui nous porte. Regardons cette voûte immenſe des cieux qui nous couvre, ces abîmes d'air & d'eau qui nous environnent, & ces aſtres qui nous éclairent. Un homme qui vit ſans réflexion, ne penſe qu'aux eſpaces qui ſont auprès de lui, ou qui ont quelque rapport à ſes beſoins. Il ne regarde la terre que comme le plancher de ſa chambre, & le ſoleil qui l'é-

Quanta ſit admirabilitas cæleſtium rerum, atque terreſtriū.

claire pendant le jour, que comme la bougie qui l'éclaire pendant la nuit. Ses penfées fe renferment dans le lieu é-troit qu'il habite. Au contraire l'homme accoutumé à faire des réflexions étend fes regards plus loin, & confidere avec curio-fité les abîmes prefque infinis dont il eft environné de toutes parts. Un vafte roïaume ne lui paroît alors qu'un petit coin de la terre ; la terre elle-même n'eft à fes yeux qu'un point dans la maffe de l'Univers ; & il admire de s'y voir placé, fans fçavoir comment il y a été mis.

XI.
De la Terre.

Qui eft-ce qui a fufpendu ce globe de la terre, qui eft im-mobile ? Qui eft-ce qui en a

posé les fondemens? Rien n'est
ce semble plus vil qu'elle,
les plus malheureux la foulent
aux pieds. Mais c'est pourtant
pour la posséder qu'on donne
les plus grands trésors. Si elle
étoit plus dure, l'homme ne
pourroit en ouvrir le sein pour
la cultiver. Si elle étoit moins
dure, elle ne pourroit le porter; il enfonceroit par tout,
comme il enfonce dans le sa-
ble, ou dans un bourbier. C'est
du sein inépuisable de la terre,
que sort tout ce qu'il y a de
plus précieux. Cette masse informe, vile, & grossiere, prend
toutes les formes les plus diverses; & elle seule donne tour
à tour tous les biens que nous
lui demandons. Cette bouë si
sale se transforme en mille
beaux objets qui charment les
yeux. En une seule année elle

devient branches, boutons, feüil-
les, fleurs, fruits, & femences,
pour renouveller fes liberalitez
en faveur des hommes. Rien
ne l'épuife. Plus on dechire fes
entrailles: plus elle eft liberale.
Après tant de fiecles, pendant lefquels tout eft forti
d'elle, elle n'eft point encore
ufée. Elle ne reffent aucune
vieilleffe; fes entrailles font encore pleines des mêmes trefors.
Mille générations ont paffé
dans fon fein. Tout vieillit,
excepté elle feule; elle rajeu-
nit chaque année au printems.
Elle ne manque point aux hommes: mais les hommes infenfez
fe manquent à eux-mêmes en
négligeant de la cultiver. C'eft
par leur pareffe, & par leurs de-
fordres, qu'ils laiffent croître les
ronces & les épines en la place
des vendanges & des moiffons.

Ils se disputent un bien qu'ils laissent perdre. Les Conquerans laissent en friche la terre, pour la possession de laquelle ils ont fait périr tant de milliers d'hommes, & ont passé leur vie dans une si terrible agitation. Les hommes ont devant eux des terres immenses qui sont vuides & incultes : & ils renversent le genre humain pour un coin de cette terre si négligée. La terre, si elle étoit bien cultivée, nourriroit cent fois plus d'hommes qu'elle n'en nourrit. L'inégalité même des terroirs, qui paroît d'abord un défaut, se tourne en ornement & en utilité. Les montagnes se sont élevées, & les vallons sont descendus en la place que le Seigneur leur a marquée. Ces diverses terres, suivant les divers aspects du soleil, ont leurs a-
vantages.

vantages. Dans ces profondes vallées on voit croître l'herbe fraîche pour nourrir les troupeaux. Auprès d'elles s'ouvrent de vastes campagnes revêtuës de riches moiſſons. Ici des côteaux s'élevent comme un amphiteâtre, & sont couronnez de vignobles, & d'arbres fruitiers. Là de hautes montagnes vont porter leur front glacé jusques dans les nuës, & les torrens qui en tombent sont les sources des rivieres. Les rochers qui montrent leur cime escarpée, soutiennent la terre des montagnes, comme les os du corps humain en soutiennent les chairs. Cette variété fait le charme des païsages, & en même tems elle satisfait aux divers besoins des peuples. Il n'y a point de terroir si ingrat, qui n'ait quelque propriété. Non seulement les terres noires & fertiles, mais encore les argilleufes & les graveleufes, récompenfent l'homme de fes peines. Les marais deffechez deviennent fertiles ; les fables ne couvrent d'ordinaire que la furface de la terre ; & quand le laboureur a la patience d'enfoncer, il trouve un terroir neuf qui fe fertilife, à mefure qu'on le remuë, & qu'on l'expofe aux raïons du foleil.

Il n'y a prefque point de terre entierement ingrate, fi l'homme ne fe laffe point de la remüer pour l'expofer au foleil, & s'il ne lui demande que ce qu'elle eft propre à porter. Au milieu des pierres & des rochers, on trouve d'excellens pâturages ; il y a dans leurs cavitez des veines, que les raïons du foleil pénetrent, & qui fourniffent aux plantes, pour nourrir les troupeaux, des sucs très savoureux. Les côtes mêmes qui paroissent les plus stériles & les plus sauvages, offrent souvent des fruits délicieux, ou des remedes très salutaires, qui manquent dans les païs les plus fertiles. D'ailleurs, c'est par un effet de la Providence divine, que nulle terre ne porte tout ce qui sert à la vie humaine. Car le besoin invite les hommes au commerce, pour se donner mutuellement ce qui leur manque ; & ce besoin est le lien naturel de la société entre les Nations : autrement tous les peuples du monde seroient réduits à une seule sorte d'habits & d'alimens ; rien ne les inviteroit à se connoître & à s'entrevoir.

XII.
Des Plantes.

Tout ce que la terre produit, se corrompant, rentre dans son sein, & devient le germe d'une nouvelle fécondité. Ainsi elle reprend tout ce qu'elle a donné, pour le rendre encore. Ainsi la corruption des plantes, & les excrémens des animaux qu'elle nourrit, la nourrissent elle-même, & perfectionnent sa fertilité. Ainsi plus elle donne : plus elle reprend ; & elle ne s'épuise jamais, pourvû qu'on sçache dans sa culture, lui rendre ce qu'elle a donné. Tout sort de son sein, tout y rentre, & rien ne s'y perd. Toutes les semences qui y retournent, se multiplient. Confiez à la terre des grains de bled : en se pour-

riſſant ils germent ; & cette
mere féconde nous rend avec
uſure plus d'épis qu'elle n'a
reçû de grains. Creuſez dans
ſes entrailles : vous y trouverez
la pierre & le marbre pour les
plus ſuperbes édifices. Mais
qui eſt-ce qui a renfermé tant
de tréſors dans ſon ſein, à condition qu'ils ſe reproduiſent
ſans ceſſe ? Voïez tant de métaux précieux & utiles , tant
de minéraux deſtinez à la commodité de l'homme.

Admirez les plantes qui naiſſent de la terre. Elles fourniſ-
ſent des alimens aux ſains,
& des remedes aux malades.
Leurs eſpeces & leurs vertus
ſont innombrables. Elles or-
nent la terre, elles donnent de
la verdure, des fleurs odoriférantes , & des fruits délicieux.
Voïez-vous ces vaſtes forêts ,

qui paroiſſent auſſi anciennes que le monde ? Ces arbres s'enfoncent dans la terre par leurs racines, comme leurs branches s'élevent vers le ciel. Leurs racines les défendent contre les vents, & vont cher- cher comme par de petits tuïaux ſouterrains, tous les ſucs deſtinez à la nourriture de leur tige. La tige elle - même ſe revêt d'une dure écorce, qui met le bois tendre à l'abri des injures de l'air. Les branches diſtribuent en divers canaux la ſeve, que les racines avoient réunie dans le tronc. En été ces rameaux nous protegent de leur ombre, contre les raïons du ſoleil. En hiver ils nour- riſſent la flamme qui conſerve en nous la chaleur naturelle. Leur bois n'eſt pas ſeulement utile pour le feu ; c'eſt une

matiere douce , quoique folide & durable , à laquelle
la main de l'homme donne
fans peine toutes les formes
qu'il lui plaît , pour les plus
grands ouvrages de l'architecture & de la navigation. De
plus , les arbres fruitiers , en
panchant leurs rameaux vers
la terre, femblent offrir leurs
fruits à l'homme. Les arbres
& les plantes en laiffant tomber leurs fruits , ou leurs grai-
nes, fe préparent autour d'eux
une nombreufe poftérité. La
plus foible plante, le moindre
légume contient en petit volume dans une graine, le germe
de tout ce qui fe déploie dans
les plus hautes plantes , &
dans les plus grands arbres. La
terre qui ne change jamais,
fait tout ces changemens dans
fon fein.

C iiij

XIII.
De l'Eau.

Regardons maintenant ce qu'on appelle l'Eau. C'eſt un corps liquide, clair, & tranſparent. D'un côté il coule, il échape, il s'enfuit. De l'autre il prend toutes les formes des corps qui l'environnent, n'en aïant aucune par lui-même. Si l'eau étoit un peu plus raréfiée, elle deviendroit une eſpece d'air ; toute la face de la terre ſeroit ſeche & ſtérile. Il n'y auroit que des animaux volatiles : nulle eſpece d'animal ne pourroit nager, nul poiſſon ne pourroit vivre ; il n'y auroit aucun commerce par la navigation. Quelle main induſtrieuſe a ſçû épaiſſir l'eau, en ſubtiliſant l'air, & diſtinguer si bien ces deux especes de corps fluides ? Si l'eau étoit un peu plus raréfiée, elle ne pourroit plus soutenir ces prodigieux édifices flottans, qu'on nomme vaisseaux. Les corps les moins pesans s'enfonceroient d'abord dans l'eau. Qui est-ce qui a pris le soin de choisir une si juste configuration de parties, & un degré si précis de mouvement, pour rendre l'eau si fluide, si insinuante, si propre à échaper, si incapable de toute consistance : & néanmoins si forte pour porter, & si impétueuse pour entraîner les plus pesantes masses ? Elle est docile; l'homme la mene comme un cavalier mene son cheval, sur la pointe des racines; il la distribuë comme il lui plaît; il l'éleve sur les montagnes escar-

pées, & se sert de son poids
pour lui faire faire des chûtes,
qui la font remonter autant
qu'elle est descenduë. Mais
l'homme qui mene les eaux
avec tant d'empire, est à son
tour mené par elles. L'eau
est une des plus grandes forces
mouvantes, que l'homme sçache
emploïer pour suppléer à ce qui
lui manque dans les arts les
plus nécessaires, par la petitesse & par la foiblesse de son
corps. Mais ces eaux, qui non-
obstant leur fluidité, sont des
masses si pesantes, ne laissent
pas de s'élever au-dessus de
nos têtes, & d'y demeurer
long-tems suspenduës. Voïez-
vous ces nuages qui volent

comme sur les aîles des vents?
S'ils tomboient tout à coup par
de grosses colomnes d'eaux, ra-
pides comme des torrens, ils

submergeroient & détruiroient
tout dans l'endroit de leur
chûte, & le reste des terres de-
meureroit aride. Quelle main
les tient dans ces réservoirs
suspendus, & ne leur permet
de tomber que goutte à goutte,
comme si on les distilloit par
un arrosoir ? D'où vient qu'en
certains païs chauds, où il ne
pleut presque jamais, les ro-
sées de la nuit sont si abon-
dantes, qu'elles suppléent au
défaut de la pluie : & qu'en
d'autres païs, tels que les bords
du Nil & du Gange, l'inondation réguliere des fleuves
en certaines saisons, pourvoit
à point nommé aux besoins des
peuples, pour arroser les terres ?
Peut-on s'imaginer des mesures
mieux prises, pour rendre tous
les païs fertiles ?

Ainsi l'eau desaltere non

seulement les hommes, mais
encore les campagnes arides ;
& celui qui nous a donné ce
corps fluide, l'a diſtribué avec
ſoin ſur la terre, comme les
canaux d'un jardin. Les eaux
tombent des hautes montagnes,
où leurs réſervoirs ſont placez.
Elles s'aſſemblent en gros ruiſſeaux dans les vallées. Les rivieres ſerpentent dans les vaſtes campagnes, pour les mieux
arroſer. Elles vont enfin ſe pré-
cipiter dans la mer, pour en
faire le centre du commerce à
toutes les Nations. Cet Océan,
qui ſemble mis au milieu des
terres pour en faire une éternelle ſéparation, eſt au contraire
le rendez-vous de tous les
peuples, qui ne pourroient aller
par terre d'un bout du monde
à l'autre, qu'avec des fatigues,
des longueurs, & des dangers in-

croïables. C'eſt par ce chemin
ſans trace, au travers des abîmes,
que l'ancien monde donne la
main au nouveau, & que le nouveau prête à l'ancien tant de
commoditez & de richeſſes. Les
eaux diſtribuées avec tant d'art,
font une circulation dans la terre, comme le ſang circule dans
le corps humain. Mais outre
cette circulation perpétuelle
de l'eau, il y a encore le flux
& reflux de la mer. Ne cherchons point les cauſes de cet
effet ſi myſtérieux. Ce qui eſt
certain, c'eſt que la mer vous
porte & reporte préciſément
aux mêmes lieux, à certaines
heures. Qui eſt-ce qui la fait
ſe retirer, & puis revenir ſur ſes
pas, avec tant de régularité ?
Un peu plus, un peu moins
de mouvement dans cette maſſe fluide, déconcerteroit toute

la nature. Un peu plus de mouvement dans les eaux qui re-
montent, inonderoit des roïau-
mes entiers. Qui eſt-ce qui
a ſçû prendre des meſures ſi
juſtes dans des corps immenſes ?
Qui eſt-ce qui a ſçû éviter le
trop, & le trop peu ? Quel
doit a marqué à la mer la
borne immobile, qu'elle doit
reſpecter dans la ſuite de tous
les ſiecles, en lui diſant : là
vous viendrez briſer l'orgueil
de vos vagues ? Mais ces eaux
ſi coulantes, deviennent tout
à coup pendant l'hiver dures
comme des rochers. Les ſom-
mets des hautes montagnes ont
même en tout tems des gla-
ces & des neiges, qui ſont les
ſources des rivieres, & qui
abreuvant les pâturages, les
rendent plus fertiles. Ici les
eaux ſont douces, pour deſal-

térer l'homme : là elles ont un fel, qui affaifonne, & rend incorruptibles nos alimens. Enfin, fi je leve la tête, j'apperçois dans les nuës qui volent au-deffus de nous, des efpeces de mers fufpenduës, pour tempérer l'air, pour arrêter les raïons enflammez du foleil, & pour arrofer la terre quand elle eft trop feche. Quelle main a pû fufpendre fur nos têtes ces grands réfervoirs d'eaux ? Quelle main prend foin de ne les jamais laiffer tomber, que par des pluies modérées ?

XIV.
De l'Air.

Après avoir confidéré les eaux, appliquons-nous à éxaminer d'autres maffes, encore plus étenduës. Voïez-vous ce qu'on nomme l'Air ? C'eſt un corps ſi pur, ſi ſubtil, & ſi tranſparent, que les raïons des aſtres, ſituez dans une diſtance preſque infinie de nous, le percent tout entier, ſans peine, & en un ſeul inſtant, pour venir éclairer nos yeux. Un peu moins de ſubtilité dans ce corps fluide nous auroit dérobé le jour, ou ne nous auroit laiſſé tout au plus, qu'une lumiere ſombre & confuſe, comme quand l'air eſt plein de broüillards épais. Nous vivons plongez dans des abîmes d'air, comme les poiſſons dans des abîmes d'eau. De même que l'eau, ſi elle ſe ſubtiliſoit, deviendroit une eſpece d'air, qui feroit mourir les poiſſons : l'air, de ſon côté, nous ôteroit la reſpiration, s'il devenoit plus épais & plus humide.

Alors

terre, qu'afin que le printems suivant les déploie avec
toutes les graces de la nouveauté. Ainsi la Nature, di-
versement parée, donne tour à
tour tant de beaux spectacles,
qu'elle ne laisse jamais à l'homme le tems de se dégoûter de
ce qu'il possede.

Mais comment est-ce que le
cours du soleil peut être si
régulier ? Il paroît que cet astre
n'est qu'un globe de flamme
très subtile, & par conséquent
très fluide. Qui est-ce qui tient
cette flamme, si mobile & si
impétueuse, dans les bornes pré-
cises d'un globe parfait ? Quelle main conduit cette flamme
dans un chemin si droit, sans
qu'elle s'échape jamais d'aucun
côté ? Cette flamme ne tient à
rien ; & il n'y a aucun corps
qui pût ni la guider, ni la te-

nir aſſujettie. Elle conſumeroit bien-tôt tout corps qui la tiendroit renfermée dans ſon enceinte. Où va-t-elle ? Qui lui a appris à tourner ſans ceſſe, & ſi régulierement dans des eſpaces où rien ne la gêne ? Ne circule - t - elle pas autour de nous , tout exprès pour nous ſervir ? Que ſi cette flamme ne tourne pas , & ſi au contraire c'eſt nous qui tournons autour d'elle , je demande d'où vient qu'elle eſt ſi bien placée dans le centre de l'Univers , pour être comme le foier , ou le cœur de toute la Nature. Je demande d'où vient que ce globe d'une matiere ſi ſubtile , ne s'échape jamais d'aucun côté , dans ces eſpaces immenſes qui l'environnent , & où tous les corps , qui ſont fluides , ſemblent devoir céder à l'impétuofité de cette flamme.

Enfin je demande d'où vient que le globe de la terre, qui eft fi dure, tourne fi réguliere- ment autour de cet aftre, dans des efpaces où nul corps folide ne le tient affujetti, pour regler fon cours. Qu'on cher- che tant qu'on voudra, dans la phyfique, les raifons les plus ingénieufes pour expli- quer ce fait : toutes ces raifons (fuppofé même qu'elles foient vraies) fe tourneront en preu- ves de la Divinité. Plus ce reffort, qui conduit la machi- ne de l'Univers, eft jufte, fim- ple, conftant, affuré, & fécond en effets utiles : plus il faut qu'une main très puiffante, & très induftrieufe, ait fçû choifir ce reffort, le plus parfait de tous.

XVIII.
Des Aſtres.

Mais regardons encore une
fois ces voûtes immenſes, où
brillent les aſtres, & qui couvrent nos têtes. Si ce ſont des
voûtes ſolides : qui en eſt
l'architecte ? Qui eſt-ce qui a
attaché tant de grands corps
lumineux, à certains endroits
de ces voûtes, de diſtance en
diſtance ? Qui eſt-ce qui fait
tourner ces voûtes ſi régulierement autour de nous ? Si au
contraire les cieux ne ſont que
des eſpaces immenſes remplis de
corps fluides, comme l'air qui
nous environne : d'où vient
que tant de corps ſolides y
flottent, ſans s'enfoncer jamais,
& ſans ſe rapprocher jamais les
uns des autres ? Depuis tant de

fiecles , que nous avons des obfervations aftronomiques , on eft encore à découvrir le moindre dérangement dans les cieux. Un corps fluide donne-t-il un arrangement fi conftant, & fi régulier aux corps , qui nagent circulairement dans fon enceinte ? Mais que fignifie cette multitude prefque innombrable d'étoiles ? La profufion avec laquelle la main de Dieu les a répanduës fur fon ouvrage, fait voir qu'elles ne coutent rien à fa puiffance. Il en a femé les cieux , comme un prince magnifique répand l'argent à pleines mains, ou comme il met des pierreries fur un habit. Que quelqu'un dife, tant qu'il lui plaira, que ce font autant de mondes , femblables à la terre que nous habitons ; je le fuppofe pour

un moment. Combien doit (
être puiſſant & ſage, celui qui)
fait des mondes auſſi innom- (
brables que les grains de ſable, (
qui couvrent les rivages des (
mers ; & qui conduit ſans pei- (
ne, pendant tant de ſiecles, (
tous ces mondes errans, com- -
me un berger conduit un trou- -
peau. Si au contraire ce ſont)
ſeulement des flambeaux allu- (
mez, pour luire à nos yeux, dans (
ce petit globe, qu'on nomme la
terre : quelle puiſſance, que rien
ne laſſe, & à qui rien ne coûte !
Quelle profuſion, pour donner
à l'homme, dans ce petit coin
de l'Univers, un ſpectacle ſi
étonnant !

Mais parmi ces aſtres, j'apperçois la lune, qui ſemble
partager avec le ſoleil, le ſoin
de nous éclairer. Elle ſe montre à point nommé, avec tou-

Suſtinen-
di muneris
propter im-
becillitaté
difficultas
minimè ca-
dit in ma-
jeſtatem
Deorum.
*Cic. l. 2. de
Nat. Deor.*

tes les étoiles , quand le foleil eſt obligé d'aller rame-
ner le jour dans l'autre hémiſ-
phere. Ainſi la nuit même,
malgré ſes ténebres , a une lumiere , ſombre à la vérité ,
mais douce , & utile. Cette
lumiere eſt empruntée du ſoleil,
quoi qu'abſent. Ainſi tout eſt
ménagé dans l'Univers , avec
un ſi bel art , qu'un globe voi-
ſin de la terre , & auſſi téné-
breux qu'elle par lui-même,
ſert néanmoins à lui renvoïer
par réflexion , les raïons qu'il
reçoit du ſoleil ; & que ce ſoleil éclaire par la lune , les
peuples qui ne peuvent le voir,
pendant qu'il doit en éclairer
d'autres.

Le mouvement des aſtres ,
dira-t-on eſt reglé par des loix
immuables. Je ſuppoſe le fait.
Mais c'eſt ce fait-même , qui

prouve ce que je veux établir.
Qui est-ce qui a donné à toute
la Nature des loix, tout ensemble si constantes, & si salutaires ; des loix si simples,
qu'on est tenté de croire qu'elles s'établissent d'elles-mêmes,
& si fécondes en effets utiles,
qu'on ne peut s'empêcher d'y
reconnoître un art merveilleux ?
D'où nous vient la conduite de
cette machine universelle, qui
travaille sans cesse pour nous,
sans que nous y pensions ? A qui
attribuerons - nous l'assemblage de tant de ressorts si profonds, & si bien concertez ; & de
tant de corps, grands & petits,
visibles & invisibles, qui cons-
pirent également pour nous
servir ? Le moindre atôme de
cette machine, qui viendroit
à se déranger, démonteroit
toute la Nature. Les ressorts

d'une montre ne font point liez avec tant d'induſtrie & de juſteſſe. Quel eſt donc ce deſſein ſi étendu, ſi ſuivi, ſi beau, ſi bienfaiſant ? La néceſſité de ces loix, loin de m'empêcher d'en chercher l'auteur, ne fait qu'augmenter ma curioſité, & mon admiration. Il falloit qu'une main également induſtrieuſe, & puiſſante, mît dans ſon ouvrage un ordre également ſimple & fécond, conſtant & utile. Je ne crains donc pas de dire avec l'Ecriture, que chaque étoile ſe hâte d'aller où le Seigneur l'envoie ; & que quand il parle, elles répondent avec tremblement : nous voici, *Ecce adſumus*.

XIX.
Des Animaux.

Mais tournons nos regards vers les animaux, encore plus dignes d'admiration que les cieux, & les aftres. Il y en a des efpeces innombrables. Les uns n'ont que deux pieds, d'autres en ont quatre, d'autres en ont un très grand nombre. Les uns marchent ; les autres rampent ; d'autres volent ; d'autres nagent ; d'autres volent, marchent, & nagent tout enfemble. Les aîles des oifeaux, & les nageoires des poiffons, font comme des rames, qui fendent la vague de l'air ou de l'eau, & qui conduifent le corps flottant de l'oifeau, ou du poiffon, dont la ftructure eft femblable à celle d'un navire. Mais les

aîles des oiseaux ont des plumes avec un duvet, qui s'enfle
à l'air, & qui s'appesentiroit
dans les eaux. Au contraire
les nageoires des poissons ont
des pointes dures, & seches, qui
fendent l'eau, sans en être im-
bibées ; & qui ne s'appesantis-
sent point quand on les moüille.
Certains oiseaux qui nagent,
comme les cignes, élevent en-
haut leurs aîles, & tout leur
plumage, de peur de le moüil-
ler, & afin qu'il leur serve
comme de voiles. Ils ont l'art
de tourner ce plumage du côté
du vent, & d'aller, comme
les vaisseaux, à la bouline,
quand le vent ne leur est pas
favorable. Les oiseaux aquati-
ques, tels que les canards, ont
aux pates de grandes peaux,
qui s'étendent, & qui font des
raquettes à leur pieds, pour les

empêcher d'enfoncer dans les bords marécageux des rivieres.

Parmi ces animaux, les bêtes féroces, telles que les lions, font celles qui ont les muscles les plus gros aux épaules, aux cuisses, & aux jambes : aussi ces animaux font-ils souples, agiles, nerveux, & promts à s'élancer. Les os de leurs mâchoires font prodigieux, à proportion du reste de leur corps. Ils ont des dents, & des griffes, qui leur servent d'armes terribles, pour déchirer, & pour dévorer les autres animaux. Par la même raison les oiseaux de proie, comme les aigles, ont un bec, & des ongles, qui percent tout. Les muscles de leurs aîles font d'une extreme grandeur, & d'une chair très dure, afin que leurs aîles aient un mouvement plus fort, & plus rapide. Aussi ces animaux, quoi qu'aſſez peſans, s'élevent-ils ſans peine juſques dans les nuës, d'où ils s'élancent, comme la foudre, ſur toute proie qui peut les nourrir. D'autres animaux ont des cornes. La plus grande force des uns eſt dans les reins, & dans le cou : d'autres ne peuvent que ruer. Chaque eſpece a ſes armes offenſives, & défenſives. Leurs chaſſes ſont des eſpeces de guerre, qu'ils font les uns contre les autres, pour les beſoins de la vie. Ils ont auſſi leurs regles & leur police. L'un porte, comme la tortuë, ſa maiſon dans laquelle il eſt né : l'autre bâtit la ſienne, comme les oiſeaux, ſur les plus hautes branches des arbres, pour préſerver ſes petits de l'inſulte des animaux qui ne ſont point ailez. Il poſe même ſon nid dans les feüillages les plus épais, pour le cacher à fes ennemis. Un autre, comme le caftor, va bâtir jufqu'au fond des eaux d'un étang, l'azile qu'il fe prépare, & fçait élever des digues pour le rendre inacceffible par l'inondation. Un autre, comme la taupe, naît avec un mufeau fi pointu, & fi aiguifé, qu'il perce en un moment le terrain le plus dur, pour fe faire une retraite fouterraine. Le renard fçait creufer un terrier avec deux iffuës, pour n'être point furpris, & pour éluder les pieges du chaffeur. Les animaux reptiles font d'une autre fabrique. Ils fe plient & replient par les évolutions de leurs mufcles ; ils graviffent, ils embraffent, ils ferrent, ils accrochent les corps qu'ils rencontrent ; il fe gliffent fubtilement par tout. Leurs organes font presque indépendans les uns des autres : aussi vivent-ils encore après qu'on les a coupez. Les oiseaux, dit Cicéron, qui ont les jambes longues, ont aussi le cou long à proportion, pour pouvoir abbaisser leur bec jusqu'à terre, & y prendre leurs alimens. Le chameau est de même. L'éléphant, dont le cou seroit trop pesant par sa grosseur, s'il étoit aussi long que celui du chameau, a été pourvû d'une trompe, qui est un tissu de nerfs & de muscles, qu'il allonge, qu'il retire, qu'il replie en tous sens, pour saisir les corps, pour les enlever, & pour les repousser : aussi les Latins ont-ils appellé cette trompe une main.

Certains animaux paroissent faits pour l'homme. Le chien est né pour le caresser ; pour se dres-

fer comme il lui plaît ; pour lui
donner une image agreable de
société, d'amitié, de fidélité, &
de tendreſſe ; pour garder tout
ce qu'on lui confie; pour prendre
à la courſe beaucoup d'autres
bêtes avec ardeur, & pour les
laiſſer enſuite à l'homme, ſans en
rien retenir. Le cheval, & les
autres animaux ſemblables, ſe
trouvent ſous la main de l'homme, pour le ſoulager dans ſon
travail, & pour ſe charger de
mille fardeaux. Ils ſont nez
pour porter, pour marcher,
pour ſoulager l'homme dans
ſa foibleſſe, & pour obéïr à tous
ſes mouvemens. Les bœufs ont
la force & la patience en partage, pour traîner la charruë,
& pour labourer. Les vaches
donnent des ruiſſeaux de lait.
Les moutons ont dans leur toi-
ſon un ſuperflu, qui n'eſt pas

pour

Alors nous nous noïerions dans
les flots de cet air épaiſſi, comme un animal terreſtre ſe noïe
dans la mer. Qui eſt - ce qui
a purifié avec tant de juſteſſe
cet air que nous reſpirons ?
S'il étoit plus épais, il nous ſuf-
foqueroit : comme s'il étoit plus
ſubtil, il n'auroit pas cette
douceur, qui fait une nourriture
continuelle du dedans de
l'homme. Nous éprouverions
par tout, ce qu'on éprouve ſur
le ſommet des montagnes les
plus hautes, où la ſubtilité de
l'air ne fournit rien d'aſſez
humide, & d'aſſez nourriſſant
pour les poumons. Mais quelle
puiſſance inviſible excite, & ap-
paiſe ſi ſoudainement les tem-
pêtes de ce grand corps fluide ?
Celles de la mer n'en ſont que
les ſuites. De quel tréſor ſont
tirez les vents qui purifient

l'air , qui attiédiſſent les ſai-
ſons brûlantes, qui temperent
la rigueur des hivers, & qui
changent en un inſtant la face
du ciel ? Sur les aîles de ces
vents , volent les nuées d'un
bout de l'horizon à l'autre. On
ſçait que certains vents regnent
en certaines mers, dans des ſai-
ſons préciſes. Ils durent un
tems reglé , & il leur en ſuc-
cede d'autres, comme tout exprès , pour rendre les navigations commodes & régulieres.
Pourvû que les hommes ſoient
patients, & auſſi ponctuels que
les vents, ils feront ſans peine
les plus longues navigations.

XV.
Du Feu.

Voïez - vous ce feu qui paroît allumé dans les aſtres , &

qui répand par tout fa lumiere ? Voïez-vous cette flamme que certaines montagnes vomiſſent, & que la terre nourrit de ſouffre dans ſes entrailles ? Ce même feu demeure paiſible-ment caché dans les veines des cailloux ; & il y attend à éclatter, juſqu'à ce que le choc d'un autre corps l'excite, pour ébranler les villes & les mon-tagnes. L'homme a ſçû l'al-lumer, & l'attacher à tous ſes uſages, pour plier les plus durs métaux, & pour nourrir avec du bois, juſques dans les climats les plus glacez, une flamme qui lui tienne lieu de ſoleil, quand le ſoleil s'éloigne de lui. Cette flamme ſe gliſſe ſubtile-ment dans toutes les ſemences. Elle eſt comme l'ame de tout ce qui vit ; elle conſume tout ce qui eſt impur, & renouvelle ce

qu'elle a purifié. Le feu prête
fa force aux hommes trop foibles. Il enleve tout à coup les
édifices & les rochers. Mais
veut-on le borner à un ufage
plus modéré ? Il réchauffe
l'homme, il cuit les alimens.
Les anciens, admirant le feu,
ont crû que c'étoit un tréfor
célefte, que l'homme avoit dérobé aux Dieux.

XVI.
Du Ciel.

Il eft temps d'élever nos yeux
vers le ciel. Quelle puiffance a
conftruit au-deffus de nos têtes
une fi vafte & fi fuperbe voûte ?
Quelle étonnante variété d'ad-
mirables objets ! C'eft pour nous
donner un beau fpectacle, qu'une
main toute-puiffante a mis devant nos yeux de fi grands & de

fi éclatans objets. C'eft pour
nous faire admirer le ciel, dit Cicéron, que Dieu a fait l'hom- *L. 2. de*
me autrement que le refte *Nat. Deor.*
des animaux. Il eft droit, &
leve la tête, pour être oc-
cupé de ce qui eft au-deffus
de lui. Tantot nous voïons
un azur fombre, où les feux
les plus purs étincellent. Tantôt nous voïons dans un ciel
tempéré, les plus douces couleurs, avec des nuances que la
peinture ne peut imiter. Tantôt nous voïons des nuages de
toutes les figures, & de toutes
les couleurs les plus vives, qui
changent à chaque moment
cette décoration, par les plus
beaux accidents de lumiere.
La fucceffion réguliere des jours
& des nuits, que fait-elle entendre ? Le foleil ne manque
jamais, depuis tant de fiecles, à

fervir les hommes, qui ne peuvent fe paffer de lui. L'aurore, depuis des milliers d'années, n'a pas manqué une feule fois d'annoncer le jour. Elle le commence à point nommé, au moment, & au lieu reglé. Le foleil, dit l'Ecriture, fçait où il doit fe coucher chaque jour. Par là il éclaire tour à tour les deux côtez du monde, & vifite tous ceux auxquels il doit fes raïons. Le jour eft le tems de la fociété & du travail : la nuit envelopant de fes ombres la terre, finit tour à tour toutes les fatigues, & adoucit toutes les peines. Elle fufpend, elle calme tout ; elle répand le filence, & le fommeil. En délaffant les corps, elle renouvelle les efprits. Bientôt le jour revient, pour rappeller l'homme au travail, & pour ranimer toute la Nature.

XVII.
Du Soleil.

Mais outre le cours si constant, qui forme les jours & les nuits, le soleil nous en montre un autre, par lequel il s'approche pendant six mois d'un pole, & au bout de six mois, revient avec la même diligence sur ses pas, pour visiter l'autre. Ce bel ordre fait qu'un seul soleil suffit à toute la terre. S'il étoit plus grand dans la même distance, il embraseroit tout le monde ; la terre s'en iroit en poudre. Si dans la même distance il étoit moins grand, la terre seroit toute glacée, & inhabitable. Si dans la même grandeur il étoit plus voisin de nous, il nous enflammeroit. Si dans la même grandeur, il étoit plus éloigné de nous, nous ne pourrions subsister dans le globe terrestre, faute de chaleur. Quel compas, dont le tour embrasse le ciel & la terre, a pris des mesures si justes? Cet astre ne fait pas moins de bien à la partie dont il s'éloigne, pour la tempérer, qu'à celle dont il s'approche, pour la favoriser de ses raïons. Ses regards bien-faisans, fertilisent tout ce qu'il voit. Ce changement fait celui des saisons, dont la variété est si agréable. Le printems fait taire les vents glacez, montre les fleurs, & promet les fruits. L'été donne les riches moissons. L'automne répand les fruits promis par le printems. L'hiver, qui est une espece de nuit, où l'homme se délasse, ne concentre tous les trésors de la

terre,

pour eux, & qui se renouvelle,
pour inviter l'homme à les ton-
dre toutes les années. Les chevres même fournissent un crin
long, qui leur est inutile, &
dont l'homme fait des étoffes
pour se couvrir. Les peaux des
animaux fournissent à l'homme les plus belles fourrures,
dans les païs les plus éloignez
du soleil. Ainsi l'auteur de la
Nature a vêtu les bêtes selon
leur besoin ; & leurs dépoüilles
servent encore ensuite d'habits
aux hommes, pour les réchauf-
fer dans ces climats glacez.
Les animaux qui n'ont presque point de poil, ont une
peau très épaisse, & très dure,
comme des écailles : d'autres
ont des écailles même, qui se
couvrent les unes les autres,
comme les tuiles d'un toit ; &
qui s'entr'ouvrent ou se resser-

rent, fuivant qu'il convient à
l'animal de fe dilater, ou de fe
refferrer. Ces peaux, & ces
écailles fervent aux befoins des
hommes. Ainfi dans la Nature,
non feulement les plantes, mais
encore les animaux, font faits
pour nôtre ufage. Les bêtes
farouches même s'apprivoifent,
ou du moins craignent l'homme. Si tous les païs étoient
peuplez & policez, comme ils
devroient l'être, il n'y en auroit point où les bêtes attaquaf-
fent les hommes. On ne trouveroit plus d'animaux féroces,
que dans les forêts reculées, &
on les réferveroit pour éxercer
la hardieffe, la force, & l'a-
dreffe du genre humain, par un
jeu qui repréfenteroit la guerre,
fans qu'on eût jamais befoin de
guerre véritable entre les Nations. Mais obfervez que les

animaux nuiſibles à l'homme
ſont les moins féconds, & que
les plus utiles ſont ceux qui
ſe multiplient davantage. On
tuë incomparablement plus de
bœufs & de moutons, qu'on
ne tuë d'ours & de loups. Il
y a néanmoins incomparablement moins d'ours & de loups,
que de bœufs, & de moutons
ſur la terre. Remarquez encore, avec Cicéron, que les
femelles de chaque eſpece ont
des mammelles, dont le nombre eſt proportionné à celui des
petits qu'elles portent ordinai-
rement. Plus elles portent de
petits : plus la Nature leur a
fourni de ſources de lait pour
les allaiter.

Pendant que les moutons
font croître leur laine pour
nous, les vers à ſoie nous filent
à l'envi de riches étoffes, & ſe

confument pour nous les donner. Ils fe font de leur coque
une efpece de tombeau, où
ils fe renferment dans leur
propre ouvrage ; & ils renaif-
fent fous une figure étrangere,
pour fe perpétuer. D'un autre
côté, les abeilles vont recueil-
lir avec foin le fuc des fleurs
odoriférantes, pour en compo-
fer leur miel ; & elles le ran-
gent avec un ordre, qui nous
peut fervir de modele. Beaucoup d'infectes fe transforment
tantôt en mouches, & tantôt
en vers. Si on les trouve inu-
tiles, on doit confidérer que
ce qui fait partie du grand
fpectacle de la Nature, & qui
contribuë à fa variété, n'eft
point fans ufage pour les hommes tranquilles, & attentifs.
Qu'y a-t-il de plus beau, & de
plus magnifique, que ce grand

nombre de républiques d'animaux si bien policées, & dont chaque espece est d'une construction différente des autres? Tout montre combien la façon de l'ouvrier, surpasse la vile matiere qu'il a mise en œuvre. Tout m'étonne, jusqu'aux moindres moucherons. Si on les trouve incommodes, on doit remarquer que l'homme a besoin de quelques peines mêlées avec ses commoditez. Il s'amolliroit, il s'oublieroit lui-même, s'il n'avoit rien qui modérât ses plaisirs, & qui exerçât sa patience.

X X.

Arrangement admirable de tous les corps qui composent l'Univers.

Considérons maintenant les merveilles qui éclatent également dans les plus grands corps, & dans les plus petits. D'un côté je vois le soleil, tant de milliers de fois plus grand que la terre ; je le vois qui circule dans des espaces, en comparaison desquels, il n'est lui-même qu'un atôme brillant. Je vois d'autres astres, peut-être encore plus grands que lui, qui roulent dans d'autres espaces, encore plus éloignez de nous. Au-delà de tous ces espaces, qui échapent déja à toute mesure, j'apperçois encore confusément d'autres astres, qu'on ne peut plus conter, ni distinguer. La terre où je suis, n'est qu'un point, à proportion de ce tout, où l'on ne trouve jamais aucune borne. Ce tout est si bien arrangé, qu'on n'y pourroit déplacer un seul atôme, sans déconcerter

toute cette immense machine ;
& il se meut avec un si bel
ordre , que ce mouvement
même en perpétuë la variété,
& la perfection. Il faut qu'une
main, à qui rien ne coûte, ne
se lasse point de conduire cet
ouvrage depuis tant de siecles,
& que ses doits *se joüent de
l'Univers*, pour parler comme
l'Ecriture.

Ludens in orbe terrarum.

XXI.

Merveilles des infiniment petits.

D'un autre côté, l'ouvrage
n'est pas moins admirable en
petit, qu'en grand. Je ne trouve
pas moins en petit, une espece
d'infini, qui m'étonne, & qui
me surmonte. Trouver dans
un ciron, comme dans un éléphant, ou dans une baleine,
des membres parfaitement or-

ganifez, y trouver une tête, un corps, des jambes, des pieds formez comme ceux des plus grands animaux. Il y a dans chaque partie de ces atômes vivans des mufcles, des nerfs, des veines, des arteres, du fang ; dans ce fang des efprits, des parties rameufes, & des humeurs ; dans ces humeurs des goutes compofées elles-mêmes de diverfes parties, fans qu'on puiffe jamais s'arrêter dans cette compofition infinie d'un tout fi infini.

Le microfcope nous découvre dans chaque objet, comme mille objets, qui ont échapé à nôtre connoiffance. Combien y a-t-il dans chaque objet, découvert par le microfcope, d'autres objets que le microfcope lui-même ne peut découvrir ? Que ne verrions-nous pas,

fi

ſi nous pouvions ſubtiliſer toûjours de plus en plus les inſtrumens qui viennent au ſecours
de nôtre vuë trop foible, & trop
groſſiere ? Mais ſuppléons par
l'imagination, à ce qui nous
manque du côté des yeux ; &
que nôtre imagination elle-
même ſoit une eſpece de mi-
croſcope, qui nous repréſente
en chaque atôme mille mondes nouveaux, & inviſibles :
elle ne pourra pas nous figurer
ſans ceſſe de nouvelles découvertes dans les petits corps ;
elle ſe laſſera ; il faudra qu'elle
s'arrête, qu'elle ſuccombe, &
qu'elle laiſſe enfin dans le plus
petit organe d'un corps, mille
merveilles inconnuës.

G

XXII.
De la structure de l'Animal.

Renfermons - nous dans la machine de l'animal ; elle a trois choses qui ne peuvent être trop admirées. 1°. Elle a en elle-même dequoi se défendre contre ceux qui l'attaquent pour la détruire. 2°. Elle a dequoi se renouveller par la nourriture. 3°. Elle a dequoi perpétuer son espece par la génération. Examinons un peu ces trois choses.

XXIII.
De l'instinct de l'Animal.

Les animaux ont ce qu'on nomme un instinct, & pour s'approcher des objets utiles, & pour fuir ceux qui peuvent leur nuire. Ne cherchons point en quoi consiste cet instinct ; contentons-nous du simple fait, sans raisonner.

Le petit agneau sent de loin sa mere, & court au devant d'elle. Le mouton est saisi d'horreur aux approches du loup, & s'enfuit avant que de l'avoir pû discerner. Le chien de chasse est presque infaillible pour découvrir, par la seule odeur, le chemin du cerf. Il y a dans chaque animal un ressort impétueux, qui rassemble tout à coup les esprits, qui tend tous les nerfs, qui rend toutes les jointures plus souples, qui augmente d'une maniere incroïable dans les périls soudains, la force, l'agilité, la vîtesse, & les ruses, pour fuir l'objet qui le menace de sa perte. Il n'est pas

queſtion ici de ſçavoir ſi les
bêtes ont de la connoiſſance.
Je ne prétends entrer en aucune queſtion de philoſophie.
Les mouvemens dont je parle
ſont entierement indéliberez,
même dans la machine de
l'homme. Si un homme qui
danſe ſur la corde, raiſonnoit
ſur les regles de l'équilibre,
ſon raiſonnement lui feroit
perdre l'équilibre, qu'il garde
merveilleuſement ſans raiſonner, & la raiſon ne lui ſervi-
roit qu'à tomber par terre. Il
en eſt de même des bêtes.
Dites, ſi vous voulez, qu'elles
raiſonnent comme les hommes:
en le diſant vous n'affoibliſſez
en rien ma preuve. Leur raiſonnement ne peut jamais ſervir à expliquer les mouvemens,
que nous admirons le plus en
elles. Dira-t-on qu'elles ſça-

vent les plus fines regles de la méchanique, qu'elles obſervent avec une juſteſſe ſi parfaite, quand il eſt queſtion de courir, de ſauter, de nager, de ſe ca-cher, de ſe replier, de dérober leurs piſtes aux chiens, ou de ſe ſervir de la partie de leur corps la plus forte, pour ſe dé-fendre ? Dira-t-on qu'elles ſça-vent naturellement les mathé-matiques, que les hommes igno-rent ? Oſera-t-on dire qu'elles font avec déliberation, & avec ſcience, tous les mouvemens ſi impétueux, & ſi juſtes, que les hommes même font ſans étude, & ſans y penſer ? Leur donnera-t-on de la raiſon dans les mouvemens même, où il eſt certain que l'homme n'en a pas ? C'eſt l'inſtinct, dira-t-on, qui conduit les bêtes. Je le veux : c'eſt en effet un inſtinct.

Mais cet inſtinct eſt une ſaga-
cité, & une dextérité admirable, non dans les bêtes,
qui ne raiſonnent, ni ne peuvent avoir alors le loiſir de
raiſonner : mais dans la ſageſſe
ſupérieure qui les conduit. Cet
inſtinct, ou cette ſageſſe qui
penſe, & qui veille pour la bête, dans les choſes indéliberées,
où elle ne pourroit ni veiller,
ni penſer, quand même elle
ſeroit auſſi raiſonnable que
nous ; ne peut être que la ſageſſe de l'ouvrier, qui a fait
cette machine. Qu'on ne parle
donc plus d'inſtinct, ni de nature. Ces noms ne ſont que de
beaux noms dans la bouche
de ceux qui les prononcent.
Il y a dans ce qu'ils appellent
nature & inſtinct, un art, &
une induſtrie ſupérieure, dont
l'invention humaine n'eſt que

l'ombre. Ce qui eſt indubita-
ble, c'eſt qu'il y a dans les
bêtes un nombre prodigieux
de mouvemens entierement in-
délibérez, qui ſont éxécutez
ſelon les plus fines regles de la
méchanique. C'eſt la machine
ſeule qui ſuit ces regles. Voila
le fait indépendant de toute
philoſophie : & le fait ſeul dé-
cide. Que penſeroit-on d'une
montre qui fuiroit à propos,
qui ſe replieroit, ſe défendroit,
& échaperoit, pour ſe conſerver, quand on voudroit la
rompre ? N'admireroït-on pas
l'art de l'ouvrier ? Croiroit-on
que les reſſorts de cette montre
ſe feroient formez, proportion-
nez, arrangez, & unis par un
pur hazard ? Croiroit-on avoir
expliqué nettement ces opérations ſi induſtrieuſes, en par-
lant de l'inſtinct & de la nature

de cette montre, qui marque-
roit précisément les heures à
son maître, & qui échaperoit
à ceux qui voudroient briser
ses ressorts.

XXIV.
De la nourriture.

Qu'y a-t-il de plus beau qu'u-
ne machine, qui se répare, &
se renouvelle sans cesse elle-
même ? L'animal, borné dans
ses forces, s'épuise bien-tôt par
le travail : mais plus il travaille, plus il se sent pressé de se
dédommager de son travail,
par une abondante nourriture.
Les alimens lui rendent chaque jour la force qu'il a per-
duë. Il met au dedans de son
corps une substance étrangere,
qui devient la sienne, par
une espece de métamorphose.

D’abord elle est broiée, & se
change en une liqueur ; puis
elle se purifie, comme si on la
passoit par un tamis, pour en
séparer tout ce qui est trop
grossier ; ensuite elle parvient
au centre, ou foier des esprits,
où elle se subtilise, & devient
du sang. Enfin elle coule, &
s’insinuë par des rameaux in‑
nombrables, pour arroser tous
les membres ; elle se filtre
dans les chairs ; elle devient
chair elle‑même. Tant d’a‑
limens, & de liqueurs de
couleurs si différentes, ne
font plus qu’une même chair.
L’aliment, qui étoit un corps
inanimé, entretient la vie de
l’animal, & devient l’animal
même. Les parties qui le com‑
posoient se font exhalées par
une insensible, & continuelle
transpiration. Ce qui étoit il

y a quatre ans un tel cheval, il
n'eſt plus que de l'air, ou du
fumier. Ce qui étoit alors du
foin, ou de l'avoine, eſt de-
venu ce même cheval, ſi fier,
& ſi vigoureux : du moins il
paſſe pour le même cheval,
malgré ce changement inſen-
ſible de ſa ſubſtance.

XXV.
Du ſommeil.

A la nourriture ſe joint le
ſommeil. L'animal interrompt
non ſeulement tous les mouvemens extérieurs, mais encore
toutes les principales opérations
du dedans, qui pourroient agi-
ter & diſſiper trop les eſprits.
Il ne lui reſte que la reſpiration, & la digeſtion ; c'eſt-à-
dire que tout mouvement qui
uſeroit ſes forces, eſt ſuſpendu ;

& que tout mouvement propre
à les renouveller, s'éxerce seul,
& librement. Ce repos, qui
est une espece d'enchantement,
revient toutes les nuits, pendant que les ténebres empêchent le travail. Qui est-ce
qui a inventé cette suspension ?
Qui est-ce qui a si bien choisi
les opérations qui doivent con-
tinuer ? Et qui est-ce qui a ex-
clû, avec un si juste discerne-
ment, toutes celles qui ont
besoin d'être interrompuës ?
Le lendemain toutes les fatigues passées sont anéanties. L'a-
nimal travaille comme s'il n'a-
voit jamais travaillé ; & il a
une vivacité, qui l'invite à un
travail nouveau, par ce renouvellement. Les nerfs sont
toûjours pleins d'esprits, les
chairs sont souples, la peau
demeure entiere, quoiqu'elle

dût, ce semble, s'user. Le
corps vivant de l'animal use
bien-tôt les corps inanimez,
même les plus solides qui sont
autour de lui : & il ne s'use
point. La peau d'un cheval
use plusieurs selles. La chair
d'un enfant, quoique si tendre & si délicate, use beaucoup d'habits, pendant qu'elle
se fortifie tous les jours. Si ce
renouvellement étoit parfait,
ce seroit l'immortalité, & le
don d'une jeunesse éternelle.
Mais comme ce renouvelle-
ment n'est qu'imparfait, l'animal perd insensiblement ses
forces, & vieillit, parce que
tout ce qui est créé doit porter
la marque du néant d'où il est
sorti, & avoir une fin.

XXVI.
De la génération.

Qu'y a-t-il de plus admirable, que la multiplication des animaux ? Regardez les individus : nul animal n'eſt immortel. Tout vieillit, tout paſſe, tout diſparoît, tout eſt anéanti. Regardez les eſpeces : tout ſubſiſte, tout eſt permanent, & immuable, dans une viciſſitude continuelle. Depuis qu'il y a ſur la terre des hommes ſoigneux de conſerver la mémoire des faits, on n'a vû ni lions, ni tigres, ni ſangliers, ni ours ſe former par hazard dans les antres, ou dans les forêts. On ne voit point auſſi de productions fortuites de chiens, ou de chats. Les bœufs, & les moutons ne naiſſent jamais d'eux-mêmes, dans les étables, & dans les pâturages. Chacun de ces animaux doit sa naissance à un certain mâle, & à une certaine femelle de son espece.

Toutes ces différentes especes se conservent à peu près de même, dans tous les siecles. On ne voit point que depuis trois mille ans, aucune soit périe. On ne voit point aussi qu'aucune se multiplie avec un excés incommode pour les autres. Si les especes des lions, des ours, & des tigres se multiplioient à un certain point, ils détruiroient les especes des cerfs, des daims, des moutons, des chevres, & des bœufs. Ils prévaudroient même sur le genre humain, & dépeupleroient la terre. Qui est-ce qui tient la mesure si juste, pour n'éteindre jamais ces especes,

& pour ne les laisser jamais trop multiplier?

Mais enfin, cette propagation continuelle de chaque espece, est une merveille à laquelle nous sommes trop accoutumez. Que penseroit-on d'un horloger, s'il sçavoit faire des montres, qui d'elles-mêmes en produisissent d'autres à l'infini, en sorte que deux premieres montres fussent suffisantes, pour multiplier & perpétuer l'espece sur toute la terre? Que diroit-on d'un architecte, s'il avoit l'art de faire des maisons qui en fissent d'autres, pour renouveller l'habitation des hommes, avant qu'elles fussent prêtes à tomber en ruine? Voila ce qu'on voit parmi les animaux. Ils ne font, si vous le voulez, que de pures machines, comme les montres :

mais enfin l'auteur de ces machines a mis en elles de quoi
se reproduire à l'infini, par l'af-
semblage des deux sexes. Dites tant qu'il vous plaira, que
cette génération d'animaux se
fait par des moûles, ou par
une configuration expresse de
chaque individu. Lequel des
deux qu'il vous plaise de dire,
vous n'épargnez rien, & l'art
de l'ouvrier n'en éclate pas
moins. Si vous supposez qu'à
chaque génération, l'individu
reçoit, sans aucun moûle, une
configuration faite exprés : je
demande qui c'est qui conduit
la configuration d'une machine si composée, & où éclate
une si grande industrie. Si au
contraire, pour n'y reconnoître
aucun art, vous supposez que
les moûles déterminent tout :
je remonte à ces moûles
même.

même. Qui est-ce qui les a
préparez ? Ils font encore bien
plus étonnans, que les machines qu'on en veut faire éclorre.

Qu'on imagine donc des
moûles dans les animaux qui vi-
voient il y a quatre mille ans, &
qu'on assure, si on le veut, qu'ils
étoient tellement renfermez les
uns dans les autres à l'infini, qu'il
y en a eu pour toutes les générations de ces quatre mille
années, & qu'il y en a encore de préparez pour la for-
mation de tous les animaux,
qui conserveront l'espece dans
la suite de tous les siecles ?
Ces moûles, qui ont toute la
forme de l'animal, par leur
configuration, comme je viens
de le remarquer, ont déja
autant de difficulté à être ex-
pliquez, que les animaux même. Mais ils ont d'ailleurs des

H

merveilles bien plus inexplica-
bles. Au moins la configuration de chaque animal en particulier , ne demande - telle
qu'autant d'art & de puiſſance
qu'il en faut, pour éxécuter tou-
les reſſorts qui compoſent cette
machine. Mais quand on ſuppoſe les moûles : 1°. il faut dire
que chaque moûle contient
en petit, avec une délicateſſe
inconcevable, tous les reſſorts
de la machine même. Or il y
a plus d'induſtrie, à faire un
ouvrage ſi compoſé, en ſi petit
volume, qu'à le faire plus grand.
2°. Il faut dire que chaque
moûle , qui eſt un individu
préparé, pour une premiere
génération, renferme diſtincte-
ment au dedans de ſoi, d'autres moûles contenus les uns
dans les autres à l'infini, pour
toutes les générations poſſibles,

dans la suite de tous les siecles. Qu'y a-t-il de plus industrieux, & de plus étonnant en matiere d'art, que cette préparation d'un nombre infini d'individus, tous formez par avance dans un seul, dont ils doivent é-clorre. Les moûles ne servent donc de rien, pour expliquer les générations des animaux, sans avoir besoin d'y reconnoî-tre aucun art. Au contraire, les moûles montreroient un plus grand artifice, & une plus éton-nante composition.

Ce qu'il y a de manifeste, & d'incontestable, indépendam-ment de tous les systemes des philosophes, c'est que le con-cours fortuit des atômes ne pro-duit jamais, sans génération, en aucun endroit de la terre, ni lions, ni tigres, ni ours, ni élé-phans, ni cerfs, ni bœufs, ni

moutons, ni chats, ni chiens, ni
chevaux. Ils ne font jamais pro-
duits que par l'accouplement de
leurs femblables. Les deux animaux qui en produifent un troi-
fieme, ne font point les véritables auteurs de l'art, qui éclate
dans la compofition de l'animal engendré par eux. Loin
d'avoir l'induftrie de l'éxécuter,
ils ne fçavent pas même comment eft compofé l'ouvrage
qui réfulte de leur génération.
Ils n'en connoiffent aucun reffort particulier. Ils n'ont été
que des inftrumens aveugles, &
involontaires, appliquez à l'éxé-
cution d'un art merveilleux, qui
leur eft abfolument étranger,
& inconnu. D'où vient-t-il,
cet art fi merveilleux, qui
n'eft point le leur ? Quelle
puiffance, & quelle induftrie,
fçait emploier, pour des ou-

vrages d'un deſſein ſi ingénieux, des inſtrumens ſi incapables de ſçavoir ce qu'ils font, ni d'en avoir aucune vûë ? Il eſt inutile de ſuppoſer que les bêtes ont de la connoiſſance. Donnez-leur-en tant qu'il vous plaira dans les autres choſes : du moins il faut avoüer qu'elles n'ont dans la génération, aucune part à l'induſtrie qui éclate dans la compoſition des animaux qu'ils produiſent.

Allons même plus loin, & ſuppoſons tout ce qu'on raconte de plus étonnant de l'induſtrie des animaux. Admirons, tant qu'on le voudra, la certitude avec laquelle un chien s'élance dans le troiſieme chemin, dès qu'il a ſenti que la bête qu'il pourſuit, n'a laiſſé aucune odeur dans les deux premiers. Admirons la biche, qui jette,

dit - on , loin d'elle fon petit
faon, dans quelque lieu caché,
afin que les chiens ne puiffent
le découvrir , par la fenteur
de fa pifte. Admirons jufqu'à
l'araignée , qui tend par fes
filets des pieges fubtils aux
moucherons, pour les enlaffer,
& pour les furprendre avant
qu'ils puiffent fe débarraffer.
Admirons encore, s'il le faut,
le héron, qui met, dit-on, fa
tête fous fon aîle , pour cacher dans fes plumes fon bec,
dont il veut percer l'eftomac
de l'oifeau de proie qui fond
fur lui. Suppofons tous ces faits
merveilleux. La Nature entiere eft pleine de ces prodiges.
Mais qu'en faut-il conclure ? Sé-
rieufement , fi on y prend bien
garde , ils prouveront trop.
Dirons-nous que les bêtes ont
plus de raifon que nous ? Leur

inſtinct a ſans doute plus de certitude que nos conjectures. Elles n'ont étudié ni dialectique, ni géométrie. Elles n'ont aucune méthode, aucune ſcience, aucune culture. Ce qu'elles font, elles le font ſans l'avoir étudié, ni préparé ; elles le font tout d'un coup, & ſans tenir conſeil. Nous nous trompons à toute heure, après avoir bien raiſonné enſemble : pour elles, ſans raiſonner, elles éxécutent à toute heure, ce qui pourroit demander le plus de choix,& de juſteſſe. Leur inſtinct eſt infaillible en beaucoup de choſes. Mais ce nom d'inſtinct n'eſt qu'un beau nom, vuide de ſens. Car que peut-on entendre par un inſtinct plus juſte, plus précis, & plus ſûr que la raiſon même, ſinon une raiſon plus parfaite ? Il faut donc trouver une merveilleuſe

raifon, ou dans l'ouvrage, ou
dans l'ouvrier ; ou dans la machine, ou dans celui qui l'a compofée. Par éxemple, quand je
vois dans une montre une juf-
teffe fur les heures, qui fur-
paffe toutes mes connoiffances :
je conclus que fi la montre ne
raifonne pas, il faut qu'elle ait
été formée par un ouvrier, qui
raifonnoit en ce genre plus jufte
que moi. Tout de même,
quand je vois des bêtes, qui
font à toute heure des chofes,
où il paroît une induftrie plus
fûre que la mienne : j'en conclus auffi-tôt que cette induftrie
fi merveilleufe, doit être nécef-
fairement ou dans la machine,
ou dans l'inventeur qui l'a fa-
briquée. Eft-elle dans l'animal
même ? Quelle apparence y a-
t-il, qu'il foit fi fçavant, & fi
infaillible en certaines chofes ?

Si

Si cette induſtrie n'eſt pas en lui, il faut qu'elle ſoit dans l'ouvrier qui a fait cet ouvrage, comme tout l'art de la montre eſt dans la tête de l'horloger.

XXVII.

Quelques fautes que font les bêtes, n'empêchent pas que leur inſtinct ne ſoit infaillible en bien des choſes.

Ne me répondez point que l'inſtinct des bêtes eſt fautif en certaines choſes. Il n'eſt pas étonnant que les bêtes ne ſoient pas infaillibles en tout: mais il eſt étonnant qu'elles le ſoient en pluſieurs cas. Si elles l'étoient en tout, elles auroient une raiſon infiniment parfaite; elles ſeroient des Divinitez. Il ne peut y avoir dans les ouvrages d'une puiſſance infinie,

I

qu'une perfection finie : autrement Dieu feroit des créatures
semblables à lui ; ce qui est
impossible. Il ne peut donc
mettre de la perfection , ni
par conséquent de la raison
dans ses ouvrages, qu'avec quelques bornes. La borne n'est
donc pas une preuve, que l'ouvrage soit sans ordre, & sans
raison. De ce que je me trompe quelquefois, il ne s'ensuit pas
que je ne sois point raisonnable, & que tout se fasse en moi
par un pur hazard. Il s'ensuit
seulement que ma raison est
bornée, & imparfaite. Tout de
même , de ce qu'une bête n'est
pas infaillible en tout par son
instinct , quoiqu'elle le soit en
beaucoup de choses, il ne s'ensuit pas qu'il n'y ait aucune
raison en cette machine. Il
s'ensuit seulement que cette

machine n'a point une raison fans bornes. Mais enfin le fait eft conftant, fçavoir qu'il y a dans les opérations de cette machine, une conduite reglée, un art merveilleux, une induf-trie qui va jufqu'à l'infaillibilité dans certaines bornes. A qui la donnerons-nous cette induf-trie infaillible? A l'ouvrage, ou à fon ouvrier?

XXVIII.
Impoffibilité de l'ame des Bêtes.

Si vous dites que les bêtes ont des ames différentes de leurs machines, je vous deman-derai auffi-tôt de quelle nature font ces ames, entierement différentes des corps, & atta-chées à eux. Qui eft-ce qui a fçû les attacher à des natures fi différentes? Qui eft-ce qui a eu un empire fi abfolu fur des natures fi diverfes, pour les mettre dans une fociété fi réguliere, fi conftante, & où la correfpondance eft fi prompte?

Si au contraire vous voulez que la même matiere puifle tantôt penfer, & tantôt ne penfer pas, fuivant les divers arrangemens, & configurations des parties qu'on peut lui donner: je ne vous dirai point ici que la matiere ne peut penfer, & qu'on ne fçauroit concevoir que les parties d'une pierre puiffent jamais, fans y rien ajoûter, fe connoître elles-mêmes, quelque degré de mouvement, & quelque figure que vous leur donniez. Maintenant je me borne à vous demander en quoi confifte cet arrangement, & cette configuration précife des parties que vous alléguez. Il faut, selon vous, qu'il y ait un degré de mouvement, où la matiere ne raisonne pas encore, & puis un autre à peu près semblable, où elle commence tout à coup à raisonner, & à se connoître. Qui est-ce qui a sçû choisir ce degré precis de mouvement ? Qui est-ce qui a découvert la ligne selon laquelle les parties doivent se mouvoir ? Qui est-ce qui a pris les mesures pour trouver au juste la grandeur, & la figure que chaque partie a besoin d'avoir, pour garder toutes les proportions entre elles dans ce tout ? Qui est-ce qui a reglé la figure extérieure, par laquelle tous ces corps doivent être bornez ? En un mot, qui est-ce qui a trouvé toutes les combinaisons, dans lesquelles la ma-

tiere penfe, & dont la moindre
ne pourroit être retranchée,
fans que la matiere cefsât aufsi-
tôt de penfer ? Si vous dites
que c'eft le hazard : je ré-
ponds que vous faites ce hazard raifonnable, jufqu'au point
d'être la fource de la raifon
même. Etrange prévention de
ne pas vouloir reconnoître une
caufe très intelligente, d'où nous
vienne toute intelligence ; &
d'aimer mieux dire que la plus
pure raifon , n'eft qu'un effet de
la plus aveugle de toutes les
caufes, dans un fujet tel que la
matiere , qui par lui-même eft
incapable de connoiffance ! En
vérité , il n'y a rien qu'il ne
vaille mieux admettre , que de
dire des chofes fi infoutenables.

XXIX.

Sentimens de quelques anciens fur l'ame & la connoiſſance des bêtes.

La philoſophie des anciens, quoique très imparfaite, avoit néanmoins entrevû cet inconvenient : auſſi vouloit-elle que l'eſprit divin, répandu dans tout l'Univers, fut une ſageſſe ſupérieure, qui agît ſans ceſſe dans toute la nature, & ſur tout dans les animaux, comme les ames agiſſent dans les corps ; & que cette impreſſion continuelle de l'eſprit divin, que le vulgaire nommoit inſtinct, ſans entendre le vrai ſens de ce terme, fût la vie de tout ce qui vit. Ils ajoutoient que ces étincelles de l'eſprit divin étoient le principe de toutes

les générations ; que les animaux les recevoient dans leur
conception, & à leur naiſſance ;
& qu'au moment de leur mort,
ces particules divines ſe déta-
choient de toute la matiere terreſtre, pour s'envoler au ciel,
où elles rouloient au nombre
des aſtres. C'eſt cette philoſophie, tout enſemble ſi magnifique, & ſi fabuleuſe, que
Virgile exprime avec tant de
grace par ces vers ſur les
abeilles, où il dit que toutes les
merveilles qu'on y admire, ont
fait dire à pluſieurs qu'elles
étoient animées par un ſouf-
fle divin, & par une portion
de la divinité : dans la perſuaſion où ils étoient que Dieu
remplit la terre, la mer, & le
ciel ; que c'eſt de là que les
bêtes, les troupeaux, & les
hommes reçoivent la vie en

naiſſant ; & que c'eſt là que toutes choſes rentrent, & retournent, lorſqu'elles viennent à ſe détruire : parce que les ames, qui ſont le principe de la vie, loin d'être anéanties par la mort, s'envolent au nombre des aſtres, & vont établir leur demeure dans le ciel :

Eſſe apibus partem divinæ mentis,
  & hauſtus
Ætherios dixère ; Deum namque
  ire per omnes
Terraſque, tractuſque maris, cœ-
  lumque profundum.
Hinc pecudes, armenta, viros,
  genus omne ferarum,
Quemque ſibi tenues naſcentem ar-
  ceſſere vitas.
Scilicet huc reddi deinde, ac reſo-
  luta referri
Omnia, nec morti eſſe locum, ſed
  viva volare

Virg. Georg.
l. 4.

Sideris in numerum, atque alto
succedere cœlo.

Cette fageſſe divine, qui
meut toutes les parties connuës
du monde, avoit tellement
frappé les Stoïciens, & avant
eux Platon, qu'ils croioient
que le monde entier étoit un
animal : mais un animal raifonnable, philofophe, fage, enfin
le Dieu fuprême. Cette philofophie réduifoit la multitude
des Dieux à un feul ; & ce feul
Dieu, à la nature, qui étoit
éternelle, infaillible, intelligente, toute-puiffante, & divine. Ainfi les philofophes, à force de s'éloigner des poëtes, re-
tomboient dans toutes les ima-
ginations poëtiques. Ils don-
noient, comme les auteurs des
fables, une vie, une intelligence, un art, un deſſein à toutes

les parties de l'Univers, qui paroiſſent les plus inanimées. Sans doute, ils avoient bien ſenti l'art qui eſt dans la nature ; & ils ne ſe trompoient qu'en attribuant à l'ouvrage, l'induſtrie de l'ouvrier.

XXX.
De l'Homme.

Ne nous arrêtons pas davantage aux animaux inférieurs à l'homme. Il eſt tems d'étudier le fond de l'homme même, pour découvrir en lui celui dont on dit qu'il eſt l'image. Je ne connois dans toute la nature que deux ſortes d'êtres : ceux qui ont de la connoiſſance, & ceux qui n'en ont pas. L'homme raſſemble en lui ces deux manieres d'être. Il a un corps comme les êtres corpo-

rels les plus inanimez. Il a un e
esprit, c'est à dire une penſée, e
par laquelle il ſe connoît, & y
apperçoit ce qui eſt autour de ſ
lui. S'il eſt vrai qu'il y ait un i
premier être, qui ait tiré tous ẑ
les autres du néant, l'homme ſ
eſt véritablement ſon image : ſ
car il raſſemble comme lui dans ſ
ſa nature, tout ce qu'il y a ſ
de perfection réelle dans ces ſ
deux diverſes manieres d'être.
Mais l'image n'eſt qu'une image ; elle ne peut être qu'une ombre du véritable Etre parfait.

Commençons l'étude de
l'homme par la conſidération
de ſon corps. Je ne ſçai, diſoit
une mere à ſes enfans, dans
l'Ecriture ſainte, comment vous
vous êtes formez dans mon
ſein. En effet ce n'eſt point la
ſageſſe des parens qui forme
un ouvrage ſi compoſé, & ſi

Machab.

régulier. Ils n'ont aucune part
à cette induſtrie. Laiſſons les
donc, & remontons plus haut.

XXXI.

De la ſtructure du corps de l'Homme.

Le corps eſt pétri de bouë :
mais admirons la main qui l'a
façonné. Le ſceau de l'ouvrier
eſt empreint ſur ſon ouvrage.
Il ſemble avoir pris plaiſir à
faire un chef-d'œuvre avec une
matiere ſi vile. Jettons les
yeux ſur ce corps, où les os
ſoutiennent les chairs qui les
enveloppent. Les nerfs qui y
ſont tendus, en font toute la
force ; & les muſcles où les nerfs
s'entrelaſſent, en s'enflant, ou
en s'allongeant, font les mouvemens les plus juſtes, & les plus
réguliers. Les os ſont briſez de

distance en distance ; ils ont des
jointures, où ils s'emboitent les
uns dans les autres ; & ils font
liez par des nerfs, & par des
tendons. Cicéron admire avec
raifon le bel artifice qui lie ces
os. Qu'y a-t-il de plus fouple
pour tous les divers mouvemens?
Mais qu'y a-t-il de plus ferme, & de plus durable ? Après
même qu'un corps eft mort,
& que fes parties font féparées
par la corruption, on voit encore ces jointures & ces liaifons,
qui ne peuvent qu'à peine fe
détruire. Ainfi cette machine
eft droite ou repliée, roide ou
fouple comme l'on veut. Du
cerveau, qui eft la fource de
tous les nerfs, partent les efprits.
Ils font fi fubtils qu'on ne peut
les voir : & néanmoins fi réels,
& d'une action fi forte, qu'ils
font tous les mouvemens de la

machine, & toute fa force. Ces efprits font en un inftant envoiez jufqu'aux extremitez des membres. Tantòt ils coulent doucement & avec uniformité : tantôt ils ont, felon les befoins, une impétuofité irreguliere ; & ils varient à l'infini les poftures, les geftes, & les autres actions du corps.

XXXII.
De la Peau.

Regardons cette chair. Elle eft couverte en certains endroits d'une peau tendre & délicate, pour l'ornement du corps. Si cette peau, qui rend l'objet fi agréable, & d'un fi doux coloris, êtoit enlevée, le même objet feroit hideux, & feroit horreur. En d'autres endroits cette même peau eft

plus dure & plus épaisse, pour
résister aux fatigues de ces parties. Par exemple, combien la
peau de la plante des pieds est-
elle plus grossiere que celle du
visage ? Combien celle du derriere de la tête l'est-elle plus que
celle du devant ? Cette peau
est percée par tout comme un
crible : mais ces trous, qu'on
nomme pores, sont insensibles.
Quoyque la sueur & la transpiration s'exhalent par ces pores:
le sang ne s'échappe jamais par
là. Cette peau a toute la délicatesse qu'il faut pour être transf-
parente, & pour donner au
visage un coloris vif, doux, &
gracieux. Si la peau étoit moins
serrée, & moins unie, le visage
paroîtroit sanglant, & comme
écorché. Qui est-ce qui a sçû
tempérer, & mélanger ces couleurs, pour faire une si belle
carnation,

carnation, que les peintres
admirent, & n'imitent jamais
qu'imparfaitement.

XXXIII.
Des Veines & des Arteres.

On trouve dans le corps humain des rameaux innombrables. Les uns portent le sang
du centre aux extrémitez, &
se nomment arteres : les autres
le rapportent des extrémitez
au centre, & se nomment veines. Par ces divers rameaux
coule le sang, liqueur douce,
onctueuse, & propre par cette
onction à retenir les esprits les
plus déliez, comme on conserve dans des corps gommeux
les essences les plus subtiles, &
les plus spiritueuses. Ce sang
arrose la chair, comme les
fontaines & les rivieres arrosent

K

la terre. Après s'être filtré
dans les chairs, il revient à sa
source plus lent, & moins plein
d'esprits : mais il se renouvelle,
& se subtilise encore de nouveau dans cette source, pour
circuler sans fin.

XXXIV.
Des Os, & de leur assemblage.

Voiez vous cet arrangement,
& cette proportion des membres ? Les jambes & les cuisses
sont de grands os emboitez les
uns sur les autres, & liez par
des nerfs. Ce sont deux especes
de colonnes, égales & régulieres, qui s'élevent pour soutenir tout l'édifice. Mais ces
colonnes se plient ; & la rotu-
le du genoüil est un os d'une
figure à peu près ronde, qui
est mis tout exprès dans la join-

ture pour la remplir, & pour
la defendre, quand les os fe
replient, pour le fléchiffement
du genoüil. Chaque colonne
a fon pied-eftal, qui eft compofé de pieces rapportées, &
fi bien jointes enfemble, qu'elles
peuvent fe plier, ou fe tenir
roides felon le befoin. Le pied-
eftal tourne quand on le veut
fous la colonne. Dans ce pied
on ne voit que nerfs, que tendons, que petits os étroitement
liez, afin que cette partie foit
tout enfemble plus fouple, &
plus ferme, felon les divers
befoins. Les doits même des
pieds avec leurs articles & leurs
ongles, fervent à tâter le terrain fur lequel on marche, à
s'appuier avec plus d'adreffe &
d'agilité, à garder mieux l'é-
quilibre du corps, à fe hauffer,
ou à fe pancher. Les deux

pieds s'étendent en avant, pour
empêcher que le corps ne
tombe de ce côté-là quand
il se panche, ou qu'il se plie.
Les deux colonnes se réünissent
par le haut, pour porter le
reste du corps; & elles sont encore brisées dans cette extré-
mité, afin que cette jointure
donne à l'homme la commo-
dité de se reposer, en s'asseïant
sur les deux plus gros muscles
de tout le corps.

Le corps de l'édifice est proportionné à la hauteur des
colonnes. Il contient toutes
les parties qui sont nécessaires
à la vie, & qui par conséquent
doivent être placées au centre,
& renfermées dans le lieu le
plus sûr. C'est pourquoi deux
rangs de côtes assez serrées, qui
sortent de l'épine du dos, comme les branches d'un arbre

naiſſent du tronc, forment une eſpece de cercle, pour cacher, & tenir à l'abri ces parties ſi nobles, & ſi délicates. Mais comme les côtes ne pourroient fermer entierement ce centre du corps humain, ſans empê-cher la dilatation de l'eſtomach & des entrailles, elles n'ache-vent de former le cercle que juſqu'à un certain endroit, au deſſous duquel elles laiſſent un vuide, afin que le dedans puiſſe s'élargir avec facilité pour la reſpiration, & pour la nour-riture.

Pour l'épine du dos, on ne voit rien dans tous les ouvrages des hommes qui ſoit travaillé avec un tel art. Elle ſeroit trop roide & trop fragile, ſi elle n'étoit faite que d'un ſeul os. En ce cas les hommes ne pour-roient jamais ſe plier. L'au-

teur de cette machine a re-
médié à cet inconvénient, en
formant des vertebres qui s'em-
boitant les unes dans les autres, font un tout de pieces
rapportées, qui a plus de force
qu'un tout d'une feule piece.
Ce compofé eft tantôt fouple,
& tantôt roide. Il fe redreffe
& fe replie en un moment,
comme on le veut. Toutes ces
vertebres ont dans le milieu une
ouverture, qui fert pour faire
paffer un allongement de la
fubftance du cerveau jufqu'aux
extrémitez du corps, & pour
y envoier promtement des efprits par ce canal.

Mais qui n'admirera la nature
des os ? Ils font très durs ; &
on voit que la corruption même
de tout le refte du corps ne
les altere en rien. Cependant
ils font pleins de trous innom-

brables qui les rendent plus légers; & ils font même dans le milieu pleins de la moëlle qui doit les nourrir. Ils font percez précifément dans les endroits où doivent paffer les ligamens qui les attachent les uns aux autres. De plus leurs extrémitez font plus groffes que le milieu, & font comme deux têtes à demi rondes, pour faire tourner plus facilement un os avec un autre, afin que le tout puiffe fe replier fans peine.

XXXV.
Des Organes.

Dans l'enceinte des côtes font placez avec ordre tous les grands organes, tels que ceux qui fervent à faire refpirer l'homme, ceux qui digerent les alimens, & ceux qui font

un sang nouveau. La respiration est néceslaire pour tempérer la chaleur interne, causée
par le bouïllonnement du sang,
& par le cours impétueux des
esprits. L'air est comme un
aliment dont l'animal se nourrit, & par le moien duquel il se
renouvelle dans tous les mo-
mens de sa vie. La digestion
n'est pas moins néceslaire pour
préparer les alimens sensibles
à être changez en sang. Le
sang est une liqueur propre à
s'insinuer par tout, & à s'é-
paissir en chair dans les extrémitez, pour réparer dans tous
les membres ce qu'ils perdent
sans cesse par la transpiration,
& par la dissipation des esprits.
Les poulmons sont comme de
grandes enveloppes, qui étant
spongieuses, se dilatent, & se
compriment facilement ; &

comme

comme ils prennent, & rendent fans cesse beaucoup d'air, ils forment une espece de soufflet en mouvement continuel. L'estomach a un dissolvant qui cause la faim, & qui avertit l'homme du besoin de manger. Ce dissolvant qui piquotte l'estomach, luy prépare par ce mésaise un plaisir très vif, lors qu'il est appaisé par les alimens. Alors l'homme se remplit delicieusement d'une matiere étrangere, qui lui feroit horreur, s'il la pouvoit voir dès qu'elle est introduite dans son estomach, & qui lui déplait même quand il la voit étant déja rassasié. L'estomach est fait comme une poche. Là les alimens changez par une promte coction, se confondent tous en une liqueur douce, qui devient ensuite une espece

L

de lait, nommé chile ; & qui par-
venant enfin au cœur, y reçoit
par l'abondance des efprits la
forme, la vivacité, & la couleur de fang. Mais pendant
que le fuc le plus pur des alimens paffe de l'eftomach dans
les canaux deftinez à faire le
chile & le fang, les parties grof-
fieres de ces mêmes alimens
font féparées, comme le fon
l'eft de la fleur de farine par
un tamis, & elles font rejettées
en bas, pour en délivrer le
corps, par les iffuës les plus cachées, & les plus reculées des
organes des fens, de peur qu'ils
n'en foient incommodez. Ainfi les merveilles de cette machine font fi grandes, qu'on en
trouve d'inépuifables, même
dans les fonctions les plus hu-
miliantes, que l'on n'oferoit
expliquer en détail.

XXXVI.
Des parties intérieures.

Il est vrai que les parties internes de l'homme ne sont pas agréables à voir, comme les extérieures. Mais remarquez qu'elles ne sont pas faites pour être vuës. Il falloit même, selon le but de l'art, qu'elles ne pussent estre découvertes sans horreur; & qu'ainsi un homme ne put les découvrir, & entamer cette machine dans un autre homme, qu'avec une violente répugnance. C'est cette horreur qui prépare la compassion & l'humanité dans les cœurs, quand un homme en voit un autre qui est blessé. Ajoutez avec S. Augustin, qu'il y a dans ces parties internes une proportion, un ordre, &

une induſtrie qui charment encore plus l'eſprit attentif, que la
beauté extérieure ne ſçauroit
plaire aux yeux du corps. Ce
dedans de l'homme, qui eſt
tout enſemble ſi hideux & ſi
admirable, eſt préciſément comme il le doit être, pour montrer
une bouë travaillée de main
divine. On y voit tout enſemble, & la fragilité de la créature, & l'art du créateur.

XXXVII.

Des bras, & de leur uſage.

Du haut de cet ouvrage ſi
précieux, que nous avons dé-
peint, pendent les deux bras,
qui ſont terminez par les mains,
& qui ont une parfaite ſymmé-
trie entr'eux. Les bras tiennent
aux épaules, de ſorte qu'ils ont
un mouvement libre dans cette

jointure. Ils font encore brifez au coude & au poignet, pour pouvoir fe plier, & fe retourner avec promtitude. Les bras font de la jufte longueur qu'il faut pour atteindre à toutes les parties du corps. Ils font nerveux & pleins de mufcles, afin qu'ils puiffent, avec les reins, être fouvent en action, & foutenir les plus grandes fatigues de tout le corps. Les mains font un tiffu de nerfs & d'offelets, enchaffez les uns dans les autres, qui ont toute la force & toute la foupleffe convenable, pour tàter les corps voifins, pour les faifir, pour s'y accrocher, pour les lancer, pour les attirer, pour les repouffer, pour les démèler, & pour les détacher les uns des autres. Les doits, dont les bouts font armez d'ongles, font faits pour éxercer, par la délicatesse & la variété de leurs mouvemens, les arts les plus merveilleux. Les bras & les mains servent encore, suivant qu'on les étend, ou qu'on les replie, à mettre le corps en état de se pancher, sans s'exposer à aucune chûte. La machine a en elle-même, indépendamment de toutes les pensées qui viennent après coup, une espece de ressort qui lui fait trouver soudainement l'équilibre dans tous ces contrastes.

XXXVIII.
Du coû, & de la tête.

Au-dessus du corps s'éleve le coû, ferme ou flexible, selon qu'on le veut. Est-il question de porter un pesant fardeau sur la tête ? Le coû devient roide, comme s'il n'étoit que d'un seul os. Faut-il pancher, ou tourner la tête ? Le coû se plie en tous sens, comme si on en démontoit tous les os. Ce coû médiocrement élevé au-dessus des épaules, porte sans peine la tête, qui regne sur tout le corps. Si elle étoit moins grosse, elle n'auroit aucune proportion avec le reste de la machine. Si elle étoit plus grosse, outre qu'elle seroit disproportionnée & difforme, sa pesanteur accableroit le coû, & elle courroit risque de faire tomber l'homme du côté où elle pancheroit un peu trop. Cette tête fortifiée de tous côtez par des os très épais & très durs, pour mieux conserver le précieux trésor qu'elle renferme, s'emboite dans les vertebres du coû, & a une communication très promte avec toutes les autres parties du corps. Elle con-

tient le cerveau, dont la fubftance humide, molle, & fpon-
gieufe, eft compofée de fils tendres & entrelacez. C'eft là le
centre des merveilles dont nous
parlerons dans la fuite. Le crâ-
ne fe trouve percé régulierement avec une proportion &
une fymmétrie éxacte, pour les
deux yeux, pour les deux oreilles, pour la bouche, & pour le
nez. Il y a des nerfs deftinez
aux fenfations qui s'éxercent
dans la plûpart de ces conduits.
Le nez qui n'a point de nerfs
pour fa fenfation, a un os cri-
breux, pour faire paffer les o-
deurs jufqu'au cerveau. Parmi
les organes de ces fenfations,
les principaux font doubles,
pour conferver dans un côté
ce qui pourroit manquer dans
l'autre par quelqu'accident. Ces
deux organes d'une même fen-

sation sont mis en symmétrie, sur le devant, ou sur les côtez, afin que l'homme en puisse faire un plus facile usage, ou à droite, ou à gauche, ou vis-à-vis de lui, c'est-à-dire vers l'endroit où ses jointures dirigent sa marche, & toutes ses actions. D'ailleurs la flexibilité du coû, fait que tous ces organes se tournent en un instant de quelque côté qu'il veut. Tout le derriere de la tête, qui est le moins en état de se défendre, est le plus épais. Il est orné de cheveux, qui servent en même tems à fortifier la tête contre les injures de l'air. Mais les cheveux viennent sur le devant pour accompagner le visage, & lui donner plus de grace. Le visage est le côté de la tête qu'on nomme le devant, & où les principales sensations sont

rassemblées avec un ordre &
une proportion qui le rendent
très beau, à moins que quelqu'accident n'altere un ouvrage
si régulier. Les deux yeux font
égaux, placez vers le milieu, &
aux deux côtez de la tête, afin
qu'ils puiffent découvrir fans
peine de loin, à droite & à gauche, tous les objets étrangers,
& qu'ils puiffent veiller commodément pour la fureté de
toutes les parties du corps. L'é-
xacte fymmétrie avec laquelle ils
font placez, fait l'ornement du
vifage. Celui qui les a faits, y
a allumé je ne fçay quelle flamme célefte, à laquelle rien ne
reffemble dans tout le refte de
la nature. Ces yeux font des
efpeces de miroirs, où fe pei-
gnent tour à tour, & fans con-
fufion, dans le fond de la ré-
tine, tous les objets du monde

entier, afin que ce qui penſe dans l'homme puiſſe les voir dans ces miroirs. Mais quoique nous appercevions tous les objets par un double organe, nous ne voions pourtant jamais les objets comme doubles, parce que les deux nerfs qui ſervent à la vûë dans nos yeux, ne ſont que deux branches qui ſe réuniſſent dans une même tige, comme les deux branches des lunettes ſe réuniſſent dans la partie ſupérieure qui les joint. Les deux yeux ſont ornez de deux ſourcils égaux ; & afin qu'ils puiſſent s'ouvrir & ſe fermer, ils ſont enveloppez de paupieres bordées d'un poil, qui défend une partie ſi délicate.

XXXIX.

Du front, & des autres parties du visage.

Le front donne de la majesté & de la grace à tout le visage. Il sert à en relever les traits. Sans le nez posé dans le milieu, tout le visage seroit plât & difforme. On peut juger de cette difformité, quand on a vû des hommes, en qui cette partie du visage est mutilée. Il est placé immediatement au-dessus de la bouche, pour discerner plus commodément, par les odeurs, tout ce qui est propre à nourrir l'homme. Les deux narines servent tout ensemble à la respiration, & à l'odorat. Voïez les levres. Leur couleur vive, leur fraicheur, leur figure, leur arrangement, & leur propor-

tion avec les autres traits, em-
belliſſent tout le viſage. La
bouche, par la correſpondance
de ſes mouvemens avec ceux
des yeux, l'anime, l'égaie, l'at-
triſte, l'adoucit, le trouble,
& exprime chaque paſſion par
des marques ſenſibles. Outre
que les levres s'ouvrent pour
recevoir l'aliment, elles ſervent
encore par leur ſoupleſſe, & par
la variété de leurs mouvemens,
à varier les ſons qui font la
parole. Quand elles s'ouvrent,
elles découvrent un double rang
de dents, dont la bouche eſt
ornée. Ces dents ſont de petits
os enchaſſez avec ordre dans
les deux mâchoires, qui ont un
reſſort pour s'ouvrir, & un pour
ſe fermer, en ſorte que les dents
briſent comme un moulin, les
alimens, pour en préparer la
digeſtion. Mais ces alimens

ainſi briſez paſſent dans l'eſtomach par un conduit différent
de celui de la reſpiration ; &
ces deux canaux, quoique ſi
voiſins, n'ont rien de commun.

X L.

De la Langue & des Dents.

La langue eſt un tiſſu de petits muſcles, & de nerfs ſi ſou-
ples, qu'elle ſe replie comme
un ſerpent, avec une mobilité,
& une ſoupleſſe inconcevable.
Elle fait dans la bouche ce
que font les doits, ou ce que
fait l'archet d'un maître ſur
un inſtrument de muſique. Elle
va frapper tantôt les dents, &
tantôt le palais. Il y a un conduit qui va au-dedans du cou,
depuis le palais juſqu'à la poi-
trine. Ce ſont des anneaux de
cartilages enchaſſez très juſte

les uns dans les autres, & gar-
nis au-dedans d'une tunique ou
membrane très polie, pour faire mieux raisonner l'air poussé
par les poulmons. Ce conduit
a du côté du palais un bout qui
n'est ouvert que comme une
flûte, par une fente qui s'élar-
git, ou qui se resserre à propos,
pour grossir la voix, ou pour la
rendre plus claire. Mais de peur
que les alimens, qui ont leur
canal séparé, ne se glissent dans
celui de la respiration, il y a
une espece de soûpape, qui fait
sur l'orifice du conduit de la
voix, comme un pont-levis,
pour faire passer les alimens,
sans qu'il en tombe aucune par-
celle subtile, ni aucune goute
par la fente dont je viens de
parler. Cette espece de soûpape est très mobile, & se replie
très subtilement : de maniere

qu'en tremblant fur cet orifice
entr'ouvert, elle fait toutes les
plus douces modulations de la
voix. Ce petit éxemple fuffit
pour montrer en paffant, &
fans entrer d'ailleurs dans aucun détail de l'anatomie, combien eft merveilleux l'art des
parties internes. Cet organe,
tel que je viens de le repréfenter, eft le plus parfait de tous
les inftrumens de mufique ; &
tous les autres ne font parfaits,
qu'autant qu'ils l'imitent.

XLI.
De l'odorat, du goût, & de l'ouïe.

Qui pourroit expliquer la délicateffe des organes par lefquels l'homme difcerne les fa-
veurs, & les odeurs innombrables des corps ? Mais comment

fe

se peut-il faire que tant de voix frappent ensemble mon oreille sans se confondre, & que ces sons me laissent après qu'ils ne sont plus, des ressemblances si vives, & si distinctes de ce qu'ils ont été ? Avec quel soin l'ouvrier qui a fait nos corps, a-t-il donné à nos yeux une enveloppe humide & coulante pour les fermer ; & pourquoi a-t-il laissé nos oreilles ouvertes ? C'est, dit Cicéron, que les yeux ont besoin de se fermer à la lumiere pour le sommeil, & que les oreilles doivent demeurer ouvertes pendant que les yeux se ferment, pour nous avertir, & pour nous éveiller par le bruit, quand nous courons risque d'être surpris. Qui est-ce qui grave dans mon œil, en un instant, le ciel, la mer, la terre, situez dans une dis-

Lib. 2. de Nat. Deor.

tance presque infinie ? Comment peuvent se ranger, & se
démêler dans un si petit organe, les images fidelles de tous les
objets de l'Univers, depuis le
soleil jusqu'à des atômes ? La
substance du cerveau, qui conserve avec ordre des représen-
tations si naïves de tant d'objets dont nous avons été frap-
pez depuis que nous sommes au
monde, n'est-elle pas le prodige le plus étonnant ? On admire
avec raison l'invention des livres, où l'on conserve l'histoire de tant de faits, & le recueil
de tant de pensées. Mais quelle
comparaison peut-on faire entre le plus beau livre, & le cerveau d'un homme sçavant ? Sans
doute ce cerveau est un recueil
infiniment plus précieux, & d'u-
ne plus belle invention que ce
livre. C'est dans ce petit réser-

voir qu'on trouve à point nommé toutes les images dont on a
besoin. On les appelle : elles
viennent ; on les renvoie : elles
se renfoncent je ne sçay où, &
disparoissent pour laisser la place à d'autres. On ferme, & on
ouvre son imagination comme
un livre. On en tourne, pour
ainsi dire, les feuillets ; on passe
soudainement d'un bout à l'autre. On a même des especes
de tables dans la mémoire,
pour indiquer les lieux où se
trouvent certaines images reculées. Ces caracteres innombrables, que l'esprit de l'homme lit
intérieurement avec tant de ra-
pidité, ne laissent aucune trace
distincte dans un cerveau qu'on
ouvre. Cet admirable livre n'est
qu'une substance molle, ou une
espece de peloton, composé
de fils tendres & entrelassez.

Quelle main a fçû cacher dans
cette efpece de bouë, qui paroît fi informe, des images fi
précieufes, & rangées avec un
fi bel art?

XLII.

De la proportion du corps hu-
main.

Tel eſt le corps de l'homme
en gros. Je n'entre point dans
le détail de l'anatomie : car
mon deſſein n'eſt que de découvrir l'art qui eſt dans la
Nature, par le ſimple coup
d'œil, ſans aucune ſcience. Le
corps de l'homme pourroit
ſans doute être beaucoup plus
grand, & beaucoup plus petit.
S'il n'avoit, par éxemple, qu'un
pied de hauteur, il ſeroit in-
ſulté par la plûpart des animaux, qui l'écraſeroient ſous

leurs pieds. S'il étoit haut comme les plus grands clochers, un
petit nombre d'hommes confu-
meroit en peu de jours tous
les alimens d'un païs. Ils ne
pourroient trouver ni chevaux,
ni autres bêtes de charge qui
puſſent les porter, ni les traîner dans aucune machine rou-
lante ; ils ne pourroient trouver aſſez de matériaux pour bâtir des maiſons proportionnées
à leur grandeur ; il ne pourroit
y avoir qu'un petit nombre
d'hommes ſur la terre, & ils
manqueroient de la plûpart des
commoditez. Qui eſt-ce qui
a reglé la taille de l'homme
à une meſure préciſe ? Qui eſt
ce qui a reglé celle de tous les
autres animaux avec proportion
à celle de l'homme. L'homme
eſt le ſeul de tous les animaux
qui eſt droit ſur ſes pieds. Par

là il a une nobleſſe & une ma-
jeſté qui le diſtingue , même
au dehors, de tout ce qui vit
ſur la terre. Non ſeulement ſa
figure eſt la plus noble : mais
encore il eſt le plus fort, & le
plus adroit de tous les animaux
à proportion de ſa grandeur.
Qu'on examine de près la pe-
ſanteur & la maſſe de la plûpart des bêtes les plus terribles. On trouvera qu'elles ont
plus de matiere que le corps
d'un homme : & cependant un
homme vigoureux a plus de
force de corps , que la plûpart
des bêtes farouches. Elles ne
ſont redoutables pour lui, que
par leurs dents, & par leurs
griffes. Mais l'homme qui n'a
point dans ſes membres de ſi
fortes armes naturelles , a des
mains , dont la dextérité ſur-
paſſe, pour ſe faire des armes ,

tout ce que la Nature a donné
aux bêtes. Ainſi l'homme perce
de ſes traits, ou fait tomber
dans ſes piéges, & enchaîne
les animaux les plus forts, &
les plus furieux. Il ſçait même
les apprivoiſer dans leur capti-
vité, & s'en joüer comme il lui
plaît. Il ſe fait flatter par les
lions, & par les tigres. Il mon-
te ſur les éléphans.

XLIII.

*De l'Ame. Elle ſeule entre les
créatures penſe & connoit.*

Mais le corps de l'homme,
qui paroît le chef-d'œuvre de
la Nature, n'eſt point compa-
rable à ſa penſée. Il eſt certain
qu'il y a des corps qui ne penſent pas. On n'attribuë aucune
connoiſſance à la pierre, au
bois, aux métaux, qui ſont

néanmoins certainement des corps. Il est même si naturel de croire que la matiere ne peut penser, que tous les hommes sans prévention ne peuvent s'empêcher de rire, quand on leur soutient que les bêtes ne sont que de pures machines, parce qu'ils ne sçauroient concevoir que de pures machines puissent avoir les connoissances qu'ils prétendent appercevoir dans les bêtes. Ils trouvent que c'est faire des jeux d'enfans, qui parlent avec leurs poupées, que de vouloir donner quelque connoissance à de pures machines. De là vient que les anciens même, qui ne connoissoient rien de réel qui ne fût un corps, vouloient néanmoins que l'ame de l'homme fût d'un cinquieme élément, ou d'une espece de quintessence sans nom,

inconnuë

inconnuë ici bas , indivifible , &
immuable, toute célefte , & toute divine : parce qu'ils ne pouvoient concevoir que la matiere terreftre des quatre élé-
mens pût penfer, & fe connoître elle-même : *Ariftoteles quin-*
tam quamdam naturam cenfet effe,
è qua fit mens. Cogitare enim,
& providere , & difcere , & doce-
re . . . in horum quatuor generum
nullo ineffe putat ; quintum genus
adhibet vacans nomine.

Cic Tufc.
Quaft. l. 1.

XLIV.

Ce qui eft matiere , ne peut penfer.

Mais fuppofons tout ce qu'on
voudra , & ne conteftons contre aucune fecte de philofophes.
Voici une alternative que nul
philofophe ne peut éviter. Ou
la matiere peut devenir penfante fans y rien ajouter : ou

bien la matiere ne fçauroit penfer, & ce qui penfe en nous, eft
un être diftingué d'elle, & qui
lui eft uni. Si la matiere peut
devenir penfante fans y rien
ajoûter, il faut au moins avoüer
que toute matiere n'eft point
penfante, & que la matiere
même qui penfe aujourd'hui,
ne penfoit point il y a cinquante
ans : par éxemple, la matiere
du corps d'un jeune homme,
ne penfoit point dix ans avant
fa naiffance. Il faudra donc dire
que la matiere peut acquerir
la penfée par un certain arrangement, & par un certain mouvement de fes parties. Pre-
nons, par éxemple, la matiere
d'une pierre, ou d'un amas de
fable. Cette portion de matiere
ne penfe nullement. Pour la
faire commencer à penfer, il
faut figurer, arranger, mouvoir

en un certain sens, & à certain degré toutes les parties. Qui est-ce qui a sçù trouver avec tant de justesse cette proportion, cet arrangement, ce mouvement en tel sens, & point en un autre, ce mouvement a un tel degré, au dessus & au dessous duquel la matiere ne penseroit jamais ? Qui est-ce qui a donné toutes ces modifications si justes & si precises à une matiere vile & informe, pour en former le corps d'un enfant, & pour le rendre peu à peu raisonnable ? Si au contraire on dit que la matiere ne peut être pensante sans y rien ajouter, & qu'il faut un autre être qui s'unisse à elle : je demande quel sera cet autre être qui pense, pendant que la matiere à laquelle il est uni ne fait que se mouvoir. Voila

deux natures bien diſſemblables. .
Nous ne connoiſſons l'une que
par des figures, & des mouvemens locaux : nous ne connoiſſons l'autre que par des pér-
ceptions, & par des raiſonne-
mens. L'une ne donne point
l'idée de l'autre ; & leurs idées
n'ont rien de commun.

XLV.

De l'union de l'ame & du corps,
dont Dieu ſeul peut être
l'auteur.

D'où vient que des êtres ſi
diſſemblables, ſont ſi intime-
ment unis enſemble dans l'homme ? D'où vient que les mouvemens du corps donnent ſi
promtement, & ſi infailliblement certaines penſées à l'ame ?
D'où vient que les penſées de
l'ame donnent ſi promtement

& si infailliblement certains mouvemens au corps ? D'où vient cette société si réguliere de soixante-dix ou quatre-vingts ans, sans aucune interruption ? D'où vient que cet assemblage de deux êtres, & de deux opérations si différentes, font un composé si juste, que tant de gens sont tentez de croire que c'est un tout simple & indivisible ? Quelle main a pû lier ces deux extrémitez ? Elles ne se sont point liées d'elles-mêmes. La matiere n'a pû faire un pacte avec l'esprit : car elle n'a par elle-même ni pensée, ni volonté pour faire des conditions. D'un autre côté l'esprit ne se souvient point d'avoir fait un pacte avec la matiere ; & il ne pourroit être assujetti à ce pacte, s'il l'avoit oublié. S'il avoit résolu librement, &

par lui-même, de s'affujettir à la
matiere : il ne s'y affujettiroit
que quand il s'en fouviendroit,
& quand il lui plairoit. Cependant il eft certain qu'il dépend
malgré lui du corps, & qu'il ne
peut s'en délivrer, à moins qu'il
ne détruife les organes du corps
par une mort violente. D'ailleurs quand même l'efprit fe feroit affujetti volontairement à la
matiere, il ne s'enfuivroit pas
que la matiere fût mutuellement
affujettie à l'efprit. L'efprit auroit à la verité certaines penfées,
quand le corps auroit certains
mouvemens : mais le corps ne feroit point déterminé à avoir à
fon tour certains mouvemens,
dès que l'efprit auroit certaines
penfées. Or il eft certain que
cette dépendance eft réciproque. Rien n'eft plus abfolu que
l'empire de l'efprit fur le corps.

L'efprit veut : & tous les membres du corps fe remuënt à l'inftant, comme s'ils étoient entraî-
nez par les plus puiffantes machines. D'un autre côté rien n'eft
plus manifefte que le pouvoir du
corps fur l'efprit. Le corps fe
meut : & à l'inftant l'efprit eft
forcé de penfer avec plaifir, ou
avec douleur, à certains objets.
Quelle main également puiffante fur ces deux natures fi
diverfes, a pû leur impofer ce
joug, & les tenir captives dans
une fociété fi exacte, & fi invio-
lable ? Dira-t-on que c'eft le
hazard ? Si on le dit, entendra-
t-on ce qu'on dira, & le pourra-
t-on faire entendre aux autres ?
Le hazard a-t-il accroché par
un concours d'atomes les parties du corps avec l'efprit ? Si
l'efprit peut s'accrocher à des
parties du corps, il faut qu'il

ait des parties lui-même, & par
conséquent qu'il soit un vrai
corps : auquel cas nous retom-
bons dans la premiere réponse
que j'ai déja réfutée. Si au
contraire l'esprit n'a point de
parties, rien ne peut l'accrocher avec celles du corps, &
le hazard n'a pas de quoi les
attacher ensemble.

Enfin mon alternative revient
toujours, & elle est décisive.
Si l'esprit & le corps ne font
qu'un tout composé de matiere, d'où vient que cette matiere, qui ne pensoit pas hier,
a commencé à penser aujour-
d'hui ? Qui est-ce qui lui a
donné ce qu'elle n'avoit pas,
& qui est incomparablement
plus noble qu'elle, quand elle
est sans pensée ? Ce qui lui donne la pensée, ne l'a-t-il point
lui-même ; & comment la don-

nera-t-il fans l'avoir ? Suppofé
même que la penfée réfulte d'u-
ne certaine configuration, d'un
certain arrangement, & d'un
certain degré de mouvement en
un certain fens, de toutes les
parties de la matiere : quel ouvrier a fçu trouver toutes ces
combinaifons fi juftes & fi préci-
fes, pour faire une machine penfante. Si au contraire l'efprit &
le corps font deux natures différentes : quelle puiſſance fupérieure à ces deux natures, a pû
les attacher enfemble, fans que
l'efprit y ait aucune part, ni
qu'il fçache comment cette u-
nion s'eft faite ? Qui eft-ce qui
commande ainfi, avec cet empire fuprême, aux efprits & aux
corps, pour les tenir dans une
correfpondance, & dans une efpece de police fi incompréhen-
fibles ?

XLVI.

L'empire de l'ame sur le corps est souverain.

Remarquez que l'empire de mon esprit sur mon corps est souverain dans son étendue bornée, puisque ma simple volonté, sans effort, & sans préparation, fait mouvoir tout à coup immediatement tous les membres de mon corps, selon les regles de la mechanique. Comme l'Ecriture nous représente Dieu, qui dit après la création de l'Univers, *Que la lumiere soit, & elle fut :* de même la seule parole intérieure de mon ame, sans effort, & sans préparation, fait ce qu'elle dit. Je dis en moi-même par cette parole si intérieure, si simple, & si momentanée, que mon corps

se meuve : & il se meut. A cette
simple & intime volonté, toutes
les parties de mon corps travaillent.   Déja tous les nerfs
sont tendus, tous les ressorts se
hâtent de concourir ensemble,
& toute la machine obéit, comme si chacun de ces organes les
plus secrets entendoit une voix
souveraine & toute-puissante.
Voila sans doute la puissance la
plus simple, & la plus efficace
qu'on puisse concevoir. Il n'y
en a aucun autre exemple dans
tous les êtres que nous connoissons. C'est précisément cela
que les hommes persuadez de
la divinité, lui attribuent dans
tout l'Univers.

L'attribuërai-je à mon foible
esprit, ou plûtot à la puissance
qu'il a sur mon corps, qui est si
différent de lui ? Croirai-je que
ma volonté a cet empire suprê-

me par son propre fond, elle
qui est si foible, & si imparfaite?
Mais d'où vient que parmi tant
de corps, elle n'a ce pouvoir
que sur un seul? Nul autre corps
ne se remuë selon ses desirs.
Qui lui a donné sur un seul
corps, ce qu'elle n'a sur aucun
autre? Osera-t-on encore revenir à nous alléguer le hazard?

XLVII.

La puissance de l'ame sur le corps
est non seulement souveraine,
mais encore aveugle.

Cette puissance qui est si
souveraine, est en même tems
aveugle. Le païsan le plus igno-
rant sçait aussi bien mouvoir
son corps, que le philosophe
le mieux instruit de l'anatomie.
L'esprit du païsan commande
à ses nerfs, à ses muscles, à ses

tendons qu'il ne connoît pas, & dont il n'a jamais oüi parler. Sans pouvoir les diftinguer, & fans fçavoir où ils font, il les trouve ; il s'addreffe précifément à ceux dont il a befoin ; & il ne prend point les uns pour les autres. Un danfeur de corde ne fait que vouloir, & à l'inftant les efprits coulent avec impétuo-fité, tantôt dans certains nerfs, & tantôt en d'autres ; tous fes nerfs fe tendent, ou fe relà-chent à propos. Demandez-lui quels font ceux qu'il a mis en mouvement, & par où il a com-mencé à les ébranler : il ne com-prend pas même ce que vous voulez lui dire. Il ignore pro-fondément ce qu'il a fait dans tous les refforts intérieurs de fa machine. Le joüeur de luth, qui connoît parfaitement tou-tes les cordes de fon inftrument,

qui les voit de ses yeux, qui les
touche l'une après l'autre de ses
doits, s'y méprend. Mais l'a-
me, qui gouverne la machine
du corps humain, en meut tous
les ressorts à propos, sans les
voir, sans les discerner, sans en
sçavoir ni la figure, ni la situa-
tion, ni la force ; & elle ne s'y
méconte point. Quel prodige !
Mon esprit commande à ce qu'il
ne connoît pas, & qu'il ne peut
voir ; à ce qui ne connoît point,
& qui est incapable de connoissance : & il est infailliblement
obéï. Que d'aveuglement ! Que
de puissance ! L'aveuglement est
de l'homme : mais la puissance
de qui est-elle ? A qui l'attribuë-
rons-nous, si ce n'est à celui
qui voit ce que l'homme ne voit
pas, & qui fait en lui ce qui le
surpasse ? Mon ame a beau vouloir remuer les corps qui l'envi-

ronnent, & qu'elle connoît très
distinctement : aucun ne se remuë ; elle n'a aucun pouvoir
pour ébranler le moindre atôme par sa volonté. Il n'y a
qu'un seul corps, que quelque
puissance supérieure doit lui
avoir rendu propre. A l'égard
de ce corps, elle n'a qu'à vouloir, & tous les ressorts de cette
machine, qui lui sont inconnus,
se meuvent à propos & de concert pour lui obéïr. Saint Augustin qui a fait ces réflexions
les a parfaitement exprimées.
Les parties internes de nos «
corps, dit-il, ne peuvent être «
vivantes que par nos ames : «
mais nos ames les animent bien «
plus facilement qu'elles ne peu- «
vent les connoître.... L'Ame ne «
connoît point le corps qui lui «
est soumis.... Elle ne sçait point «
pourquoi elle ne met les nerfs «

» en mouvement que quand il
» lui plaît, & pourquoi au con-
» traire la pulsation des veines est
» sans interruption, quand même
» elle ne le voudroit pas. Elle
» ignore quelle est la premiere
» partie du corps qu'elle remuë
» immédiatement, pour mouvoir
» par celle-là toutes les autres.....
» Elle ne sçait point pourquoi
» elle sent malgré elle, & ne meut
» les membres que quand il lui
» plaît. C'est elle qui fait ces cho-
» ses dans le corps. D'où vient
» qu'elle ne sçait ni ce qu'elle fait,
» ni comment elle le fait ? Ceux
» qui s'instruisent de l'anatomie,
» dit encore ce Pere, apprennent
» d'autrui ce qui se passe en eux,
» & qui est fait par eux mêmes.
» Pourquoi, dit-il, n'ai-je aucun
» besoin de leçon, pour sçavoir
» qu'il y a dans le ciel à une pro-
» digieuse distance de moi, un soleil

» leil & des étoiles : & pourquoi «
» ai-je besoin d'un maître pour «
» apprendre par où commence le «
» mouvement ? . . . . . Quand je «
» remuë le doit, je ne sçai com- «
» ment se fait ce que je fais moi- «
» même au dedans de moi. Nous «
» sommes trop elevez à l'egard de «
» nous-mêmes, & nous ne sçau- «
» rions nous comprendre. «

XLVIII.

*L'empire de l'ame sur le corps
paroit sur tout dans les images
tracées dans le cerveau.*

En effet, nous ne sçaurions
trop admirer cet empire absolu de l'ame sur des organes corporels qu'elle ne connoit pas,
& l'usage continuel qu'elle en
fait sans les discerner. Cet empire se montre principalement
par rapport aux images tracées

dans nôtre cerveau. Je connois
tous les corps de l'Univers qui
ont frappé mes sens depuis un
grand nombre d'années. J'en
ai des images diftinctes qui me
les repréfentent, en forte que
je crois les voir lors même qu'ils
ne font plus. Mon cerveau eft
comme un cabinet de peintures, dont tous les tableaux fe
remuëroient, & fe rangeroient
au gré du maître de la maifon.
Les peintres, par leur art, n'at-
teignent jamais qu'à une ref-
femblance imparfaite. Pour les
portraits que j'ai dans la tête,
ils font fi fideles, que c'eft en
les confultant que j'apperçois
tous les défauts de ceux des
peintres, & que je les corrige
en moi-même. Ces images plus
reffemblantes que les chefs-
d'œuvres de l'art des peintres,
fe gravent-elles dans ma tête

ſans aucun art ? Eſt-ce un livre
dont tous les caracteres ſe ſoient
rangez d'eux-mêmes ? S'il y a
de l'art, il ne vient pas de moi:
car je trouve au dedans de
moi ce recueil d'images, ſans
avoir jamais penſé ni à les graver, ni à les mettre en ordre.
Mais encore toutes ces images
ſe préſentent, & ſe retirent comme il me plaît, ſans faire aucune confuſion. Je les rappelle :
elles viennent. Je les renvoie :
elles ſe renfoncent je ne ſçai où.
Elles s'aſſemblent, ou ſe ſeparent
comme je le veux. Je ne ſçai
ni où elles demeurent, ni ce
qu'elles font. Cependant je les
trouve toujours prêtes. L'agitation de tant d'images anciennes
& nouvelles, qui ſe réveillent,
qui ſe joignent, qui ſe ſéparent,
ne trouble point un certain
ordre qu'elles ont. Si quelques

unes ne fe préfentent pas au premier ordre : du moins je fuis afluré qu'elles ne font pas loin. Il faut qu'elles foient cachées dans certains recoins enfoncez. Je ne les ignore point comme les chofes que je n'ai jamais connuës : au contraire, je fçai confufément ce que je cherche. Si quelqu'autre image fe préfente en la place de celle que j'ai appellée, je la renvoie fans héfiter, en lui difant : ce n'eft pas vous dont j'ai befoin. Mais où font donc les objets à demi oubliez ? Ils font préfens au dedans de moi, puifque je les y cherche, & que je les y trouve. Enfin comment y font-ils, puif que je les cherche long-tems „ en vain ? Où vont-ils ? Je ne „ fuis plus, dit faint Auguftin, „ ce que j'étois, lorfque je pen- „ fois à ce que je n'ai pu retrou-

ver. Je ne fçai, continuë ce «
Pere, comment il arrive que je «
fois ainfi fouftrait à moi-même, «
& privé de moi ; ni comment «
eft-ce que je fuis enfuite com- «
me rapporté & rendu à moi- «
même. Je fuis comme un autre «
homme, & tranfporté ailleurs, «
quand je cherche, & que je ne «
trouve pas ce que j'avois con- «
fié à ma mémoire. Alors nous «
ne pouvons arriver jufqu'à nous; «
nous fommes comme fi nous «
étions des étrangers éloignez «
de nous. Nous n'y arrivons «
que quand nous trouvons ce «
que nous cherchons. Mais où «
eft-ce que nous cherchons, fi «
ce n'eft au dedans de nous ? Et «
qu'eft-ce que nous cherchons, «
fi ce n'eft nous-mêmes ?.... Une «
telle profondeur nous étonne. «
Je me fouviens diftinctement
d'avoir connu ce que je ne con-

nois plus. Je me souviens de mon oubli même. Je me rappelle les portraits de chaque personne, en chaque âge de la vie où je l'ai vuë autre-fois. La même personne repasse plusieurs fois dans ma tête. D'abord je la vois enfant, puis jeune, & enfin âgée. Je place des rides sur le même visage, ou je vois d'un autre côté les graces tendres de l'enfance. Je joins ce qui n'est plus avec ce qui est encore, sans confondre ces extrémitez. Je conserve un je ne sçai quoi, qui est tour à tour toutes les choses que j'ai connuës depuis que je suis au monde. De ce trésor inconnu sortent tous les parfums, toutes les harmonies, tous les gouts, tous les degrez de lumiere, toutes les couleurs, & toutes leurs nuances, enfin toutes les figures qui ont passé par mes

fens, & qu'ils ont confiées à mon
cerveau. Je renouvelle quand
il me plaît la joie que j'ai ref-
fentie il y a trente ans. Elle
revient : mais quelquefois ce
n'eft plus elle-même ; elle paroît
fans me rejoüir. Je me fouviens
d'avoir été bien-aife : & je ne
le fuis point actuellement dans
ce fouvenir. D'un autre côté
je renouvelle d'anciennes douleurs. Elles font préfentes : car
je les apperçois diftinctement,
telles qu'elles ont été en leur
tems ; rien ne m'échappe de
leur amertume & de la vivacité de leurs fentimens. Mais
elles ne font plus elles-mêmes,
elles ne me troublent plus ; elles
font émouffées. Je vois toute
leur rigueur fans la reffentir :
ou fi je la reffens, ce n'eft que
par repréfentation ; & cette repréfentation d'une peine autre-

fois cuifante, n'eſt plus qu'un
jeu ; l'image des douleurs paſ-
fées me rejoüit. Il en eſt de
même des plaiſirs. Un cœur
vertueux s'afflige en rappellant
le ſouvenir de ſes plaiſirs déré-
glez. Ils ſont préſens : car ils ſe
montrent avec tout ce qu'ils ont
eu de plus doux, & de plus
flatteur. Mais ils ne ſont plus
eux-mêmes ; & de telles joies
ne reviennent que pour affliger.

XLIX.

Deux merveilles de la mémoire,
& du cerveau.

Voila donc deux merveilles
également incompréhenſibles ;
l'une que mon cerveau ſoit une
eſpece de livre, où il y ait
un nombre preſque infini d'i-
mages, & de caracteres rangez
avec un ordre que je n'ai point
fait,

fait, & que le hazard n'a pû faire. Car je n'ai jamais eu la moindre penſée ni d'écrire rien dans mon cerveau, ni d'y donner aucun ordre aux images, & aux caracteres que j'y traçois. Je ne ſongeois qu'à voir les objets, lorſqu'ils frappoient mes ſens. Le hazard n'a pû non plus faire un ſi merveilleux livre. Tout l'art même des hommes eſt trop imparfait pour atteindre jamais à une ſi haute perfection. Quelle main donc a pû le compoſer ?

La ſeconde merveille que je trouve dans mon cerveau, eſt de voir que mon eſprit liſe avec tant de facilité tout ce qu'il lui plaît dans ce livre intérieur. Il lit des caracteres qu'il ne connoît point. Jamais je n'ai vû les traces empreintes dans mon cerveau ; & la ſubſtance

de mon cerveau elle-même,
qui eſt comme le papier du livre,
m'eſt entierement inconnuë.
Tous ces caracteres innombrables ſe tranſpoſent, & puis re-
prennent leur rang pour m'o-
béir. J'ai une puiſſance comme
divine ſur un ouvrage que je
ne connois point, & qui eſt
incapable de connoiſſance. Ce
qui n'entend rien, entend ma
penſée, & l'éxécute dans le moment. La penſée de l'homme
n'a aucun empire ſur les corps.
Je le vois en parcourant toute
la Nature. Il n'y a qu'un ſeul
corps que ma ſimple volonté
remuë, comme ſi elle étoit une
Divinité ; & elle en remuë tous
les reſſorts les plus ſubtils, ſans
les connoître. Qui eſt-ce qui l'a
unie à ce corps, & lui a donné
tant d'empire ſur lui ?

L.

L'esprit de l'homme est mêlé de grandeur & de foiblesse. Sa grandeur consiste en deux points.

Premierement, l'esprit a l'idée de l'infini.

Finissons ces remarques par une courte réflexion sur le fond de notre esprit. J'y trouve un mélange incomprehensible de grandeur & de foiblesse. Sa grandeur est réelle. Il rassemble sans confusion le passé avec le présent ; & il perce par ses raisonnemens jusques dans l'avenir. Il a l'idée des corps, & celle des esprits. Il a l'idée de l'infini même : car il en affirme tout ce qui lui convient, & il en nie tout ce qui ne lui convient pas. Dites-lui que l'infini

eſt triangulaire : il vous répondra ſans héſiter, que ce qui n'a
aucunes bornes, ne peut avoir
aucune figure. Demandez-lui
qu'il vous aſſigne la premiere des
unitez qui compoſent un nombre infini : il vous répondra d'a-
bord qu'il ne peut y avoir ni
commencement, ni fin, ni nombre dans l'infini ; parce que ſi
on pouvoit y remarquer une
premiere, ou une derniere unité, on pourroit ajoûter quelqu'autre unité à celle-là , &
par conſéquent augmenter le
nombre. Or un nombre ne
peut être infini, lorſqu'il peut
recevoir quelque addition, &
qu'on peut lui aſſigner une
borne du côté où il peut recevoir un accroiſſement.

L I.
*L'esprit ne connoit le fini, que
par l'idée de l'infini.*

C'eft même dans l'infini que
mon efprit connoît le fini. Qui
dit un homme malade : dit un
homme qui n'a pas la fanté ,
qui dit un homme foible : dit
un homme qui n'a pas de force.
On ne conçoit la maladie, qui
n'eft qu'une privation de la
fanté, qu'en fe repréfentant la
fanté même comme un bien
réel, dont cet homme eft privé. On ne conçoit la foibleffe,
qu'en fe repréfentant la force
comme un avantage réel, que
cet homme n'a pas. On ne
conçoit les ténebres, qui ne font
rien de pofitif, qu'en niant, &
par conféquent en concevant la
lumiere du jour qui eft très

réelle, & très poſitive. Tout
de même on ne conçoit le fini,
qu'en lui attribuant une borne,
qui eſt une pure négation d'une
plus grande étenduë. Ce n'eſt
donc que la privation de l'infini.
Or on ne pourroit jamais ſe repréſenter la privation de l'infini,
ſi on ne concevoit l'infini même:
comme on ne pourroit concevoir la maladie, ſi on ne concevoit la ſanté, dont elle n'eſt que
la privation. D'où vient cette
idée de l'infini en nous?

LII.

Secondement, les idées de l'eſprit
ſont univerſelles, éternelles,
& immuables.

O que l'eſprit de l'homme
eſt grand! Il porte en lui de
quoi s'étonner, & ſe ſurpaſſer
infiniment lui-même. Ses idées

sont universelles, éternelles, &
immuables. Elles sont universelles. Car lorsque je dis : il est
impossible d'être, & de n'être
pas ; le tout est plus grand
que sa partie ; une ligne parfaitement circulaire n'a aucunes parties droites ; entre deux
points donnez , la ligne droite
est la plus courte ; le centre d'un
cercle parfait est également
éloigné de tous les points de
la circonférence ; un triangle
équilatéral n'a aucun angle
obtus, ni droit : toutes ces véritez ne peuvent souffrir aucune exception. Il ne pourra
jamais y avoir d'être, de ligne,
de cercle , de triangle qui ne
soit suivant ces regles. Ces
regles sont de tous les tems,
ou pour mieux dire elles sont
avant tous les tems , & seront toûjours au-delà de tou-

te durée compréhensible. Que
l'Univers se bouleverse & s'a-
néantisse ; qu'il n'y ait plus
même aucun esprit pour raisonner sur les êtres, sur les
lignes, sur les cercles, & sur
les triangles : il sera toûjours
également vrai en soi, que
la même chose ne peut tout
ensemble être, & n'être pas ;
qu'un cercle parfait ne peut
avoir aucune portion de ligne
droite ; que le centre d'un
cercle parfait ne peut être
plus près d'un coté de la
circonférence que de l'autre.
On peut bien ne penser pas
actuellement à ces véritez ; & il
pourroit même se faire qu'il n'y
auroit ni Univers, ni esprit capable de penser à ces véritez :
mais enfin ces véritez n'en seroient pas moins constantes en
elles-mêmes, quoique nul es-

prit ne les connût ; comme les raïons du soleil n'en feroient pas moins véritables, quand même tous les hommes feroient aveugles, & que perfonne n'auroit des yeux pour en être éclairé. En affurant que deux & deux font quatre, dit faint Auguftin, non feulement on eft affuré de dire vrai : mais on ne peut douter que cette propofition n'ait été toûjours également vraie, & qu'elle ne doive l'être éternellement. Ces idées que nous portons au fond de nous-mêmes, n'ont point de bornes, & n'en peuvent fouffrir. On ne peut point dire que ce que j'ai avancé fur le centre des cercles parfaits, ne foit vrai que pour un certain nombre de cercles. Cette propofition eft vraie par une néceffité évidente pour tous les cercles à l'infini. Ces idées fans

L. 2. de Lib. Arb.

bornes ne peuvent jamais ni changer, ni s'effacer en nous, ni être altérées. Elles font le fond de nôtre raifon. Il eſt impoſſible, quelque effort qu'on faſſe fur fon propre eſprit, de parvenir à douter jamais ſerieuſement de ce que ces idées nous repréſentent avec clarté. Par exemple, je ne puis entrer dans un doute ſérieux, pour ſçavoir ſi le tout eſt plus grand qu'une de ſes parties ; ſi le centre d'un cercle parfait eſt également éloigné de tous les points de la circonférence. L'idée de l'infini eſt en moi comme celle des nombres, des lignes, des cercles, d'un tout, & d'une partie. Changer nos idées, ce ſeroit anéantir la raiſon même. Jugeons de nôtre grandeur par l'infini immuable qui eſt empreint au dedans de nous, &

qui ne peut jamais y être éf-
facé. Mais de peur qu'une
grandeur si réelle ne nous
éblouïsse, & ne nous flatte dan-
gereusement, hâtons-nous de
jetter les yeux sur nôtre foiblesse.

LIII.
Foiblesse de l'esprit de l'homme.

Ce même esprit qui voit sans
cesse l'infini, & dans la regle
de l'infini toutes les choses fi-
nies, ignore aussi à l'infini tous
les objets qui l'environnent.
Il s'ignore profondément lui-
même. Il marche comme à tâ-
tons dans une abîme de ténebres. Il ne sçait ni ce qu'il est,
ni comment il est attaché à
un corps, ni comment il a
tant d'empire sur tous les refforts de ce corps, qu'il ne connoît point. Il ignore ses pro-

pres penſées, & ſes propres volontez. Il ne ſçait avec certitude, ni ce qu'il croit, ni ce
qu'il veut. Souvent il s'imagine
croire & vouloir, ce qu'il n'a
ni crû, ni voulu. Il ſe trompe;
& ce qu'il a de meilleur, c'eſt
de le reconnoître. Il joint à
l'erreur des penſées, le déreglement de la volonté. Il eſt
reduit à gémir dans l'expérience de ſa corruption. Voila
l'eſprit de l'homme foible, in-
certain, borné, plein d'erreurs.
Qui eſt-ce qui a mis l'idée de
l'infini, c'eſt-à-dire du parfait,
dans un ſujet ſi borné, & ſi
rempli d'imperfection ? Se l'eſt-
il donnée lui-même, cette idée
ſi haute & ſi pure, cette idée
qui eſt elle-même une eſpece
d'infini en repréſentation? Quel
être fini diſtingué de lui, a
pû lui donner ce qui eſt ſi dif-

proportionné avec ce qui est renfermé dans quelque borne ? Supposons que l'esprit de l'homme est comme un miroir où les images de tous les corps voisins viennent s'imprimer : quel être a pu mettre en nous l'image de l'infini, si l'infini ne fut jamais ? Qui peut mettre dans un miroir l'image d'un objet chimérique, qui n'est point, & qui n'a jamais été vis-à-vis de la glace de ce miroir ? Cette image de l'infini n'est point un amas confus d'objets finis, que l'esprit prenne mal à propos pour un infini véritable. C'est le vrai infini dont nous avons la pensée. Nous le connoissons si bien, que nous le distinguons précisément de tout ce qu'il n'est pas, & que nulle subtilité ne peut nous mettre aucun objet en sa place. Nous le con-

noiſſons ſi bien, que nous rejettons de lui toute propriété qui
marque la moindre borne. Enfin nous le connoiſſons ſi bien,
que c'eſt en lui ſeul que nous
connoiſſons tout le reſte, comme on connoît la nuit par le
jour, & la maladie par la ſanté.
Encore une fois, d'où vient
une image ſi grande? La prend-
on dans le néant? L'être borné
peut-il imaginer & inventer l'infini, ſi l'infini n'eſt point? Nôtre
eſprit ſi foible & ſi court ne peut
ſe former par lui-même cette
image, qui n'auroit aucun pa-
tron. Aucun des objets extérieurs ne peut nous donner cette image: car ils ne peuvent
nous donner l'image, que de ce
qu'ils ſont; & ils ne ſont rien,
que de borné, & d'imparfait.
Où la prenons-nous donc cette
image diſtincte, qui ne reſſem-

...ble à rien de tout ce que nous
...sommes, & de tout ce que nous
...connoissons ici-bas hors de nous?
D'où nous vient-elle ? Où est
donc cet infini , que nous ne
pouvons comprendre , parce
qu'il est réellement infini : &
que nous ne pouvons néan-
moins méconnoître, parce que
nous le distinguons de tout ce
qui lui est inférieur ? Où est-
il ? S'il n'étoit pas , pourroit - il
se venir graver au fond de
nôtre esprit ?

LIV.

Les idées de l'homme font les
regles immuables de son
jugement.

Mais outre l'idée de l'infini,
j'ai encore des notions universelles & immuables, qui font la
regle de tous mes jugemens.

Je ne puis juger d'aucune chofe
qu'en les confultant ; & il ne
dépend pas de moi de juger
contre ce qu'elles me repréfentent. Mes penfées, loin de pouvoir corriger, ou former cette
regle , font elles-mêmes corri-
gées malgré moi par cette
regle fuperieure , & elles font
invinciblement affujetties à fa
décifion. Quelque effort d'efprit que je faffe , je ne puis jamais parvenir, comme je viens
de le remarquer, à douter que
deux & deux ne faffent quatre ;
que le tout ne foit plus grand
que fa partie ; que le centre
d'un cercle parfait ne foit également diftant de tous les
points de *la* circonférence.
Je ne fuis point libre de nier
ces propofitions ; & fi je nie
ces véritez, ou d'autres à peu
près femblables, j'ai en moi
quelque

quelque chofe qui eſt au deſſus de moi, & qui me ramene par force au but. Cette regle fixe & immuable eſt ſi interieure, & ſi intime, que je ſuis tenté de la prendre pour moi-même: mais elle eſt au deſſus de moi, puiſqu'elle me corrige, me redreſſe, me met en defiance contre moi-même, & m'avertit de mon impuiſſance C'eſt quelque choſe qui m'inſpire à toute heure, pourvu que je l'écoute, & je ne me trompe jamais, qu'en ne l'écoutant pas. Ce qui m'inſpire, me préſerveroit ſans ceſſe de toute erreur, ſi j'étois docile, & ſans precipitation. Car cette inſpiration interieure m'apprendroit à bien juger des choſes qui ſont à ma portée, & ſur leſquelles j'ai beſoin de former quelque jugement. Pour les autres, elle m'apprendroit

à n'en juger pas : & cette fe-
conde forte de leçon n'eſt pas
moins importante que la premiere. Cette regle intérieure
eſt ce que je nomme ma raiſon.
Mais je parle de ma raiſon ſans
pénétrer la force de ces termes,
comme je parle de la Nature,
& de l'inſtinct , ſans entendre
ce que ſignifient ces expreſſions.

L V.
*Ce que c'eſt que la raiſon de
l'homme.*

A la vérité ma raiſon eſt en
moi : car il faut que je rentre
ſans ceſſe en moi-même pour la
trouver. Mais la raiſon ſupérieure qui me corrige dans le beſoin,
& que je conſulte, n'eſt point à
moi, & elle ne fait point partie de moi-même. Cette regle
eſt parfaite & immuable : je

suis changeant & imparfait. Quand je me trompe : elle ne perd point sa droiture. Quand je me détrompe : ce n'est pas elle qui revient au but ; c'est elle qui, sans s'en être jamais écartée, a l'autorité sur moi de m'y rappeller, & de m'y faire revenir. C'est un maître intérieur, qui me fait taire, qui me fait parler, qui me fait croire, qui me fait douter, qui me fait avoüer mes erreurs, ou confirmer mes jugemens. En l'écoutant, je m'instruis : en m'ecoutant moi-même, je m'égare. Ce maître est par tout ; & sa voix se fait entendre d'un bout de l'Univers à l'autre, à tous les hommes comme à moi. Pendant qu'il me corrige en France, il corrige d'autres hommes à la Chine, au Japon, dans le Mexique,

& dans le Perou, par les mê_
mes principes.

L V I.

*La raison est la même dans tous
les hommes de tous les siecles
& de tous les païs.*

Deux hommes qui ne se font
jamais vûs, qui n'ont jamais
entendu parler l'un de l'autre,
& qui n'ont jamais eu de liai-
son avec aucun autre homme
qui ait pû leur donner des
notions communes, parlent aux
deux extrémitez de la terre
sur un certain nombre de véritez, comme s'ils étoient de
concert. On sçait infailliblement par avance dans un hé-
misphere, ce qu'on répondra
dans l'autre sur ces véritez. Les
hommes de tous les païs & de
tous les tems, quelque édu-

cation qu'ils aient reçûë, se sen-
tent invinciblement assujettis
à penser, & à parler de même.
Le maître qui nous enseigne
sans cesse, nous fait penser tous
de la même façon. Dès que
nous nous hâtons de juger, sans
écouter sa voix avec défiance
de nous-mêmes, nous pensons,
& nous disons des songes pleins
d'extravagance. Ainsi ce qui
paroît le plus à nous, & être
le fond de nous-mêmes, je veux
dire notre raison, est ce qui
nous est le moins propre, &
qu'on doit croire le plus emprunté. Nous recevons sans cesse & à tout moment une raison
supérieure à nous, comme nous
respirons sans cesse l'air, qui est
un corps étranger, ou comme
nous voions sans cesse tous les
objets voisins de nous à la lumiere du soleil, dont les raïons

font des corps étrangers à nos
yeux. Cette raifon fupérieure
domine jufqu'à un certain point,
avec un empire abfolu, tous les
hommes les moins raifonnables,
& fait qu'ils font toûjours tous
d'accord, malgré eux, fur ces
points. C'eft elle qui fait qu'un
fauvage du Canada penfe beaucoup de chofes, comme les philofophes Grecs & Romains les
ont penfées. C'eft elle qui fait
que les géometres Chinois ont
trouvé à peu près les mêmes véritez que les Européans, pendant que ces peuples fi éloignez
étoient inconnus les uns aux
autres. C'eft elle qui fait qu'on
juge au Japon comme en France,
que deux & deux font quatre; &
il ne faut pas craindre qu'aucun
peuple change jamais d'opinion
là-deffus. C'eft elle qui fait
que les hommes penfent encore

aujourd'hui fur divers points,
comme on penfoit il y a quatre
mille ans. C'eft elle qui donne
des penfées uniformes aux hommes les plus jaloux, & les plus
irréconciliables entre eux. C'eft
elle par qui les hommes de tous
les fiecles, & de tous les païs,
font comme enchaînez autour
d'un certain centre immobile, &
qui les tient unis par certaines
regles invariables, qu'on nomme
les premiers principes, malgré
les variations infinies d'opinions
qui naiflent en eux de leurs paf-
fions, de leurs diftractions, & de
leurs caprices, pour tous leurs
autres jugemens moins clairs.
C'eft elle qui fait que les hommes, tous dépravez qu'ils font,
n'ont point encore ofé donner
ouvertement le nom de vertu
au vice, & qu'ils font réduits
à faire femblant d'être juftes,

finceres, modérez, bienfaifans, pour s'attirer l'eftime les uns des autres. On ne parvient point à eftimer ce qu'on voudroit pouvoir eftimer, ni à méprifer ce qu'on voudroit pouvoir méprifer. On ne peut forcer cette barriere éternelle de la vérité, & de la juftice. Le maître intérieur, qu'on nomme raifon, le reproche intérieurement avec un empire abfolu. Il ne le fouffre pas; & il fçait borner la folie la plus impudente des hommes. Après tant de fiecles de regne effrené du vice, la vertu eft encore nommée vertu; & elle ne peut être dépoffedée de fon nom par fes ennemis les plus brutaux, & les plus téméraires. De là vient que le vice, quoique triomphant dans le monde, eft encore réduit à fe déguifer fous le

mafque

masque de l'hypocrisie, ou de la
fausse probité, pour s'attirer
une estime qu'il n'ose espérer
en se montrant à découvert.
Ainsi malgré toute son impuden-
ce, il rend un hommage forcé
à la vertu, en voulant se parer
de ce qu'elle a de plus beau,
pour recevoir les honneurs
qu'elle se fait rendre. On critique, il est vrai, les hommes
vertueux, & ils sont effective-
ment toujours réprehensibles
en cette vie par leurs imperfections : mais les hommes les
plus vicieux ne peuvent venir
à bout d'effacer en eux l'idée
de la vraie vertu. Il n'y a point
encore eu d'homme sur la terre
qui ait pû gagner, ni sur les
autres, ni sur lui-même d'établir dans le monde, qu'il est
plus estimable d'être trompeur,
que d'être sincere ; d'être em-

porté & malfaifant, que d'être modéré, & de faire du bien.

LVII.

La raifon eft en l'homme indé-
pendante de l'homme, & au
deffus de lui.

Le maître intérieur & univer-
fel dit donc toûjours & par tout
les mêmes véritez. Nous ne fommes point ce maître. Il eft vrai
que nous parlons fouvent fans
lui, & plus haut que lui. Mais
alors nous nous trompons, nous
bégaions, nous ne nous enten-
dons pas nous-mêmes. Nous crai-
gnons même de voir que nous
nous fommes trompez, & nous
fermons l'oreille de peur d'être
humiliez par fes corrections.
Sans doute l'homme qui craint
d'être corrigé par cette raifon
incorruptible, & qui s'égare toûjours en ne la fuivant pas, n'eft

pas cette raison parfaite, universelle, & immuable qui le corrige
malgré lui. En toutes choses nous
trouvons comme deux principes
au dedans de nous. L'un donne :
l'autre reçoit ; l'un manque :
l'autre supplée ; l'un se trompe :
l'autre corrige ; l'un va de travers par sa pente : l'autre le redresse. C'est cette experience
mal prise & mal entenduë, qui
avoit fait tomber dans l'erreur
les Marcionites & les Mani-
chéens. Chacun sent en soi
une raison bornée & subalterne,
qui s'égare dès qu'elle échappe
à une entiere subordination, &
qui ne se corrige, qu'en rentrant
sous le joug d'une autre raison
supérieure, universelle, & immuable. Ainsi tout porte en nous
la marque d'une raison subalterne, bornée, participée,
empruntée, & qui a besoin

qu'une autre la redreſſe à chaque moment. Tous les hom-
mes ſont raiſonnables de la
même raiſon, qui ſe communique à eux ſelon divers degrez. Il
y a un certain nombre de ſages :
mais la ſageſſe où ils puiſent,
comme dans la ſource, & qui
les fait ce qu'ils ſont, eſt unique.

LVIII.

C'eſt la vérité primitive elle-même,
qui éclaire tous les eſprits, en
ſe communiquant à eux.

Où eſt-elle cette ſageſſe ? Où
eſt-elle cette raiſon commune,
& ſupérieure tout enſemble à
toutes les raiſons bornées &
imparfaites du genre humain ?
Où eſt-il donc cet oracle qui
ne ſe taît jamais, & contre lequel ne peuvent jamais rien
tous les vains préjugez des peu-

pies ? Où est-elle cette raison qu'on a sans cesse besoin de consulter, & qui nous prévient pour nous inspirer le desir d'entendre sa voix ? Où est-elle cette vive lumiere qui *illumine Jean. 1. 9. tout homme venant en ce monde ?* Où est-elle cette pure & douce lumiere, qui non seulement éclaire les yeux ouverts : mais qui ouvre les yeux fermez ; qui guerit les yeux malades ; qui donne des yeux à ceux qui n'en ont pas pour la voir ; enfin qui inspire le desir d'être éclairé par elle, & qui se fait aimer par ceux même qui craignoient de la voir ? Tout œil la voit, & il ne verroit rien, s'il ne la voioit pas : puisque c'est par elle, & à la faveur de ses purs raions qu'il voit toutes choses. Comme le soleil sensible éclaire tous les corps : de même ce foleil d'intelligence éclaire tous les efprits. La fubftance de l'œil de l'homme n'eft point la lumiere : au contraire l'œil emprunte à chaque moment la lumiere des raions du foleil. Tout de même mon efprit n'eft point la raifon primitive, la vérité univerfelle & immuable : il eft feulement l'organe par où paffe cette lumiere originale, & qui en eft éclairé. Il y a un foleil des efprits, qui les éclaire tous beaucoup mieux que le foleil vifible n'éclaire les corps. Ce foleil des efprits nous donne tout enfemble, & fa lumiere, & l'amour de fa lumiere pour la chercher. Ce foleil de vérité ne laiffe aucune ombre ; & il luit en même tems dans les deux hémifphe-res. Il brille autant fur nous la nuit que le jour. Ce n'eft

point au dehors qu'il répand
ſes raions : il habite en chacun
de nous. Un homme ne peut
jamais dérober ſes raions à un
autre homme. On le voit également, en quelque coin de
l'Univers qu'on ſoit caché. Un
homme n'a jamais beſoin de
dire à un autre : retirez-vous,
pour me laiſſer voir ce ſoleil ;
vous me dérobez ſes raions ;
vous enlevez la portion qui
m'eſt duë. Ce ſoleil ne ſe cou-
che jamais, & ne ſouffre aucun nuage que ceux qui ſont
formez par nos paſſions. C'eſt
un jour ſans ombre. Il éclaire
les ſauvages même dans les
antres les plus profonds, & les
plus obſcurs. Il n'y a que les
yeux malades, qui ſe ferment
à ſa lumiere ; & encore même
n'y a-t-il point d'homme ſi
malade & ſi aveugle, qui ne

marche encore à la lueur de quelque lumiere fombre, qui lui refte de ce foleil intérieur des confciences. Cette lumiere univerfelle découvre & repréfente à nos efprits tous les objets ; & nous ne pouvons rien juger que par elle , comme nous ne pouvons difcerner aucun corps, qu'aux raions du foleil.

LIX.

C'eft par les lumieres de la vérité primitive, que l'homme juge fi ce qu'on lui dit eft vrai, ou faux.

Les hommes peuvent nous parler pour nous inftruire : mais nous ne pouvons les croire, qu'autant que nous trouvons une certaine conformité entre ce qu'ils nous difent, & ce que nous dit le maître intérieur. Après qu'ils ont épuifé tous leurs

raisonnemens, il faut toùjours
revenir à lui, & l'écouter pour
la décision. Si un homme nous
disoit qu'une partie égale le
tout dont elle est partie, nous
ne pourrions nous empêcher de
rire, & il se rendroit méprisa-
ble, au lieu de nous persuader.
C'est au fond de nous-mêmes,
par la consultation du maître
intérieur, que nous avons besoin
de trouver les véritez qu'on
nous enseigne, c'est-à-dire qu'on
nous propose extérieurement.
Ainsi, à proprement parler, il n'y
a qu'un seul veritable maître,
qui enseigne tout, & sans lequel on n'apprend rien. Les
autres maîtres nous ramenent
toujours dans cette école intime,
où il parle seul. C'est là que
nous recevons ce que nous
n'avons pas ; c'est là que nous
apprenons ce que nous avons

ignoré ; c'eſt là que nous re-
trouvons ce que nous avions
perdu par l'oubli ; c'eſt dans
le fond intime de nous-mêmes
qu'il nous garde certaines con-
noiſſances comme enſevelies,
qui ſe réveillent au beſoin ;
c'eſt là que nous rejettons le
menſonge que nous avions crû.
Loin de juger ce maître, c'eſt
par lui ſeul que nous ſom-
mes jugez ſouverainement en
toutes choſes. C'eſt un juge
deſintereſſé, & ſupérieur à nous.
Nous pouvons refuſer de l'é-
couter, & nous étourdir : mais
en l'écoutant, nous ne pouvons
le contredire. Rien ne reſſem-
ble moins à l'homme que ce
maître inviſible qui l'inſtruit,
& qui le juge avec tant de
rigueur & de perfection. Ainſi
nôtre raiſon bornée, incertaine,
fautive, n'eſt qu'une inſpiration

ɔ̀ foible & momentanée d'une
n raison primitive, supreme, &
i immuable, qui se communique
s avec mesure à tous les êtres
i intelligens.

L X.

*La raison supérieure qui réside
dans l'homme, est Dieu même;
& tout ce qu'on a découvert ci-
dessus dans l'homme, font des
traces évidentes de la Divinité.*

On ne peut point dire que
l'homme se donne lui-même
les pensées qu'il n'avoit pas.
On peut encore moins dire
qu'il les reçoive des autres hommes : puisqu'il est certain qu'il
n'admet, & ne peut rien admettre du dehors, sans le trouver
aussi dans son propre fond, en
consultant au dedans de soi les

principes de la raison , pour
voir si ce qu'on lui dit y répugne.
Il y a donc une école intérieure , où l'homme reçoit ce
qu'il ne peut ni se donner, ni
attendre des autres hommes,
qui vivent d'emprunt comme
lui. Voila donc deux raisons
que je trouve en moi. L'une
est moi-même : l'autre est au
dessus de moi. Celle qui est
moi, est très imparfaite, préve-
nuë, precipitée, sujette à s'é-
garer, changeante , opiniâtre,
ignorante, & bornée ; enfin elle
ne possède jamais rien que d'emprunt. L'autre est commune à
tous les hommes, & supérieure
à eux. Elle est parfaite, éternelle, immuable, toujours prête
à se communiquer en tous lieux,
& à redresser tous les esprits
qui se trompent ; enfin incapable d'être jamais ni épuisée,

ni partagée, quoiqu'elle se donne à tous ceux qui la veulent.
Où est-elle cette raison parfaite, qui est si près de moi,
& si différente de moi ? Où
est-elle ? Il faut qu'elle soit
quelque chose de réel : car
le néant ne peut être parfait, ni perfectionner les natures
imparfaites. Où est-elle cette
raison suprème ? N'est-elle pas
le Dieu que je cherche ?

LXI.

*Nouvelles traces sensibles de la
Divinité en l'homme, tirées
de la connoissance qu'il a de
l'unité.*

Je trouve encore d'autres
traces de la Divinité en moi ;
en voici une bien touchante.

Je connois des nombres prodigieux, avec les rapports qui

font entre eux. Par où me vient cette connoissance ? Elle est si distincte, que je n'en puis douter sérieusement , & que je redresse d'abord , sans hesiter, tout homme qui manque à la suivre en supputant. Si un homme dit que 17 & 3 font 22 : je me hâte de lui dire , 17 & 3 ne font que 20. Aussi-tôt il est vaincu par sa propre lumiere, & il acquiesce à ma correction. Le même maître , qui parle en moi pour le corriger, parle aussi-tôt en lui, pour lui dire qu'il doit se rendre. Ce ne font point deux maîtres qui soient convenus de nous accorder : c'est quelque chose d'indivisible , d'éternel , d'immuable, qui parle en même tems avec une persuasion invincible dans tous les deux. Encore une fois, d'où me vient cette notion si juste des nombres ? Les ombres ne font tous que des unitez répétées. Tout nombre n'eſt qu'une compoſition, ou une répétition d'unitez. Le nombre de deux n'eſt que deux unitez ; le nombre de 4 ſe réduit à *un* répété quatre fois. On ne peut donc concevoir aucun nombre, ſans concevoir l'unité, qui eſt le fondement eſſentiel de tout nombre poſſible. On ne peut concevoir aucune répétition d'unité, ſans concevoir l'unité même qui en eſt le fond.

Mais par où eſt-ce que je puis connoître quelque unité réelle ? Je n'en ai jamais vû, ni même imaginé par le rapport de mes ſens. Que je prenne le plus ſubtil atôme : il faut qu'il ait une figure, une longueur, une largeur, & une profondeur, un deſſus, un deſſous, un côté gauche, un autre droit ; & le deſſus n'eſt point

S. Aug. l. 2.
de Lib. Arb.

le deſſous ; un côté n'eſt point
l'autre. Cet atôme n'eſt donc
pas véritablement un ; il eſt
compoſé de parties. Or le compoſé eſt un nombre réel, & une
multitude d'êtres. Ce n'eſt point
une unité réelle : c'eſt un aſ-
ſemblage d'êtres, dont l'un n'eſt
pas l'autre. Je n'ai donc jamais
appris ni par mes yeux, ni par
mes oreilles, ni par mes mains,
ni même par mon imagination,
qu'il y ait dans la Nature aucune
réelle unité : au contraire, mes
ſens & mon imagination ne
me préſentent jamais rien que
de compoſé, rien qui ne ſoit
un nombre réel, rien qui ne
ſoit une multitude. Toute unité
m'échappe ſans ceſſe ; elle me
fuit, comme par une eſpece
d'enchantement. Puiſque je la
cherche dans tant de diviſions d'un atôme, j'en ai certainement

» tainement l'idée diſtincte ; &
» ce n'eſt que par ſa ſimple &
» claire idée, que je parviens,
» en la repetant, à connoître
» tant d'autres nombres. Mais
puiſqu'elle m'echappe dans toutes les diviſions des corps de
la Nature, il s'enſuit clairement que je ne l'ai jamais con-
nuë par le canal de mes ſens,
& de mon imagination. Voila
donc une idée qui eſt en moi
indépendamment des ſens, de
l'imagination, & des impreſ-
ſions des corps.

Deplus, quand même je ne vou-
drois pas reconnoître de bonne-
foi que j'ai une idée claire de l'u-
nité, qui eſt le fond de tous les
nombres, parce qu'ils ne ſont
que des répétitions, ou des col-
lections d'unitez : il faudroit au
moins avoüer que je connois
beaucoup de nombres avec leurs

propriétez , & leurs rapports.
Je sçai, par exemple, combien
font 90000000 joints avec
80000000 d'une autre somme.
Je ne m'y trompe point ; &
je redresserois d'abord avec
certitude un autre homme qui
s'y tromperoit. Cependant ni
mes sens, ni mon imagination
n'ont jamais pû me présenter
distinctement tous ces millions
rassemblez. L'image qu'ils m'en
présenteroient, ne ressembleroit
pas même davantage à dix-sept
cens millions, qu'à un nombre
très inférieur. D'où me vient
donc une idée si distincte des
nombres, que je n'ai jamais pû ni
sentir, ni imaginer ? Ces idées in-
dépendantes des corps, ne peuvent ni être corporelles, ni être
reçûës dans un sujet corporel.
Elles me découvrent la nature
de mon ame , qui reçoit ce

qui eſt incorporel , & qui le
reçoit au dedans de ſoi d'une
maniere incorporelle. D'où me
vient une idée ſi incorporelle
des corps même ? Je ne puis
la porter par ma propre nature
au dedans de moi : puiſque ce
qui connoît en moi les corps,
eſt incorporel ; & qu'il les connoît , ſans que cette connoiſſance lui vienne par le canal
des organes corporels , tels que
les ſens & l'imagination. Il
faut que ce qui penſe en moi,
ſoit pour ainſi dire , un néant
de nature corporelle. Comment ai - je pû connoître des
êtres qui n'ont aucuns rapports
de nature avec mon être pen-
ſant ? Il faut ſans doute qu'un
être ſupérieur à ces deux natures ſi diverſes , & qui les renferme toutes deux dans ſon infini , les ait jointes dans mon

ame, & m'ait donné l'idée d'une nature toute différente de celle qui pense en moi.

LXII.

L'idée de l'unité prouve qu'il y a des substances qui ne sont point matérielles ; & qu'il y a un Etre parfaitement un , qui est Dieu.

Pour les unitez , quelqu'un dira peut-être que je ne les connois point par les corps , mais seulement par les esprits ; & qu'ainsi mon esprit étant un , & m'étant véritablement connu, c'est par là , & non par les corps que j'ai l'idée de l'unité. Mais voici ma réponse.

1°. *Qu'il y a des sub- stances qui ne sont point matérielles.*

Il s'ensuivra du moins de là, que je connois des substances qui n'ont rien d'étendu , ni de divisible , & qui sont présentes.

Voila déja des natures purement incorporelles, au nombre
desquelles je dois mettre mon
ame. Qui est-ce qui l'a unie
à mon corps ? Cette ame n'est
point un être infini ; elle n'a
pas toûjours été ; elle pense
dans certaines bornes : qui est-
ce qui l'a faite ? Qui est-ce qui
lui fait connoître les corps si
différens d'elle ? Qui est-ce qui
lui donne tant d'empire sur
un certain corps, & qui donne
réciproquement à ce corps tant
d'empire sur elle ? Deplus, comment sçai-je si cette ame qui
pense, est réellement une, ou
bien si elle a des parties ? Je
ne vois point cette ame. Dira-
t-on que c'est dans une chose si
invisible, & si impénétrable, que
je vois clairement ce que c'est
qu'unité ? Loin d'apprendre par
mon ame ce que c'est que

d'être un : c'eſt au contraire par l'idée claire que j'ai déja de l'unité, que j'éxamine ſi mon ame eſt une , ou diviſible.

Ajoûtez à celu que j'ai au dedans de moi une idée claire d'une unité parfaite, qui eſt bien au deſſus de celle que je puis trouver dans mon ame. Elle ſe trouve ſouvent comme partagée entre deux opinions , entre deux inclinations , entre deux habitudes contraires. Ce partage que je trouve au fond de moi-même , ne marque-t-il point quelque multiplicité, ou compoſition de parties ? L'ame d'ailleurs a tout au moins une compoſition ſucceſſive de penſées , dont l'une eſt très différente de l'autre. Je conçois une unité infiniment plus une , s'il m'eſt permis de parler ainſi. Je conçois un être qui ne change

jamais de penſée, qui penſe
toûjours toutes choſes tout à
la fois, & en qui on ne peut
trouver aucune compoſition
même ſucceſſive. Sans doute
c'eſt cette idée de la parfaite &
ſupreme unité, qui me fait tant
chercher quelqu'unité dans les
eſprits, & même dans les
corps. Cette idée toûjours pré-
ſente au fond de moi-même, eſt
née avec moi ; elle eſt le modele parfait ſur lequel je cherche
par tout quelque copie imparfaite de l'unité. Cette idée de
ce qui eſt *un*, ſimple, & indi-
viſible par excellence, ne peut
être que l'idée de Dieu. Je
connois donc Dieu avec une
telle clarté, que c'eſt en le con-
noiſſant que je cherche dans
toutes les créatures, & en moi-
même, quelque image & quelque reſſemblance de ſon unité.

Les corps ont, pour ainsi dire, quelque vestige de cette unité, qui échappe toûjours dans la division de ses parties; & les esprits en ont une plus grande ressemblance, quoiqu'ils aient une composition successive de pensées.

LXIII.

Dépendance & indépendance de l'homme. Sa dépendance prouve l'existence de son auteur.

Mais voici un autre mystere que je porte au dedans de moi, & qui me rend incompréhensible à moi-même : c'est que d'un côté je suis libre, & que de l'autre, je suis dépendant. Examinons ces deux choses, pour voir s'il est possible de les accorder.

Je suis un être dépendant. L'in-

L'indépendance eſt la ſupreme perfection. Etre par ſoi-même, c'eſt porter en ſoi-même la ſource de ſon propre être ; c'eſt ne rien emprunter d'aucun être différent de ſoi. Suppoſez un être qui raſſemble toutes les per-fections que vous pourrez con-cevoir, mais qui ſera un être emprunté & dépendant : il ſera moins parfait qu'un autre être en qui vous ne mettrez que la ſimple indépendance. Car il n'y a aucune comparaiſon à faire entre un être qui eſt par ſoi, & un être qui n'a rien que d'em-prunté, & qui n'eſt en lui que comme par prêt.

Ceci me ſert à reconnoître l'imperfection de ce que j'appel-le mon ame. Si elle étoit par elle-même, elle n'emprunteroit rien d'autrui ; elle n'auroit beſoin ni de s'inſtruire dans ſes ignorances, ni de fe redreffer dans fes erreurs. Rien ne pourroit ni la corriger de fes vices, ni lui inf-pirer aucune vertu, ni rendre fa volonté meilleure qu'elle ne fe trouveroit d'abord. Cette ame poffederoit toûjours tout ce qu'elle feroit capable d'avoir, & ne pourroit jamais rien rece-voir du dehors. En même tems il feroit certain qu'elle ne pour-roit rien perdre : car ce qui eft par foi, eft toûjours néceffaire-ment tout ce qu'il eft. Ainfi mon ame ne pourroit tomber ni dans l'ignorance, ni dans l'erreur, ni dans le vice, ni dans aucune diminution de bonne volonté. Elle ne pour-roit auffi ni s'inftruire, ni fe corriger, ni devenir meilleure qu'elle n'eft. Or j'éprouve tout le contraire. J'oublie, je me trompe, je m'égare, je perds la vûë de la vérité, & l'amour du bien ; je me corromps, je me diminuë. D'un autre coté je m'augmente en acquérant la sagesse & la bonne volonté, que je n'avois jamais euë. Cette expérience intime me convainc que mon ame n'est point un être par soi, & indépendant ; c'est-à-dire nécessaire, & immuable en tout ce qu'il possede. Par où me peut venir cette augmentation de moi-même ? Qui est-ce qui peut perfectionner mon être, en me rendant meilleur, & par conséquent en me faisant être plus que je n'étois ?

LXIV.

La bonne volonté ne peut venir que d'un être supérieur.

La volonté ou capacité de vouloir, est sans doute un degré d'être, & de bien, ou de perfection : mais la bonne volonté , ou le bon vouloir , est un autre degré de bien supérieur. Car on peut abuser de la volonté pour vouloir mal, pour tromper, pour nuire, pour faire l'injustice : au lieu que le bon vouloir est le bon usage de la volonté même , lequel ne peut être que bon. Le bon vouloir est donc ce qu'il y a de plus précieux dans l'homme. C'est ce qui donne le prix à tout le reste. C'est là, pour ainsi dire, tout l'homme : *Hoc est enim omnis homo.*

.ile.12.13.

Nous venons de voir que ma volonté n'est point par elle-même, puisqu'elle est sujette à perdre, & à recevoir des degrez de bien, ou de perfection. Nous avons vû qu'elle est un bien inférieur au bon vouloir, parce

qu'il est meilleur de bien vouloir, que d'avoir simplement
une volonté susceptible du
bien, & du mal. Comment
pourrois-je croire que moi,
être foible, imparfait, emprunté, & dépendant, je me donne à moi-même le plus haut
degré de perfection, pendant
qu'il est visible que l'intérieur
me vient d'un premier être ?
Puis-je m'imaginer que Dieu me
donne le moindre bien, & que
je me donne sans lui le plus
grand ? Où prendrois-je ce
haut degré de perfection, pour
me le donner ? Seroit-ce dans
le néant, qui est mon propre
fond ? Dirai-je que d'autres esprits, à peu près égaux au mien,
me le donnent ? Mais puisque ces
êtres bornez, & dépendans comme le mien, ne peuvent se rien
donner à eux-mêmes : ils peu-

vent encore moins donner à autrui. N'étant point par eux-mêmes, ils n'ont par eux-mêmes aucun vrai pouvoir, ni fur moi, ni
fur les chofes qui font imparfaites en moi, ni fur eux-mêmes. Il
faut donc, fans s'arrêter à eux,
remonter plus haut, & trouver
une caufe premiere , qui foit
féconde , & toute puiffante ,
pour donner à mon ame le bon
vouloir qu'elle n'a pas.

LXV.

*Un être fupérieur étant la caufe
de toutes les modifications des
créatures , il eft impoffible que
la volonté puiffe vouloir le bien
par elle-même.*

Ajoûtons encore une réflexion. Ce premier être eft la caufe de toutes les modifications de
fes créatures. L'opération fuit

l'être, comme difent les philofophes. L'être qui eft dépendant dans le fond de fon être,
ne peut être que dépendant
dans toutes fes opérations. L'ac-
cefloire fuit le principal. L'auteur du fond de l'être, l'eft donc
auffi de toutes les modifications, ou manieres d'être des
créatures. C'eft ainfi que Dieu
eft la caufe réelle & immédiate de toutes les configurations,
combinaifons, & mouvemens
de tous les corps de l'Univers.
C'eft à l'occafion d'un corps
qu'il a mû, qu'il en meut un
autre. C'eft lui qui a tout créé;
& c'eft lui qui fait tout dans
fon ouvrage. Or le vouloir eft
la modification des volontez,
comme le mouvement eft la
modification des corps. Dirons-
nous qu'il eft la caufe réelle,
immédiate, & totale du mouve-

ment de tous les corps, & qu'il n'eſt pas autant la cauſe réelle & immédiate du bon vouloir des volontez ? Cette modification, la plus excellente de toutes, ſera-t-elle la ſeule que Dieu ne fera point dans ſon ouvrage, & que l'ouvrage ſe donnera lui-même avec indépendance ? Qui le peut penſer ? Mon bon vouloir, que je n'avois pas hier, & que j'ai aujourd'hui, n'eſt donc pas une choſe que je me donne. Il me vient de celui qui m'a donné la volonté & l'être.

Comme vouloir eſt plus parfait qu'être ſimplement : bien vouloir eſt plus parfait que vouloir. Le paſſage de la puiſſance à l'acte vertueux, eſt ce qu'il y a de plus parfait dans l'homme. La puiſſance n'eſt qu'un équilibre entre la vertu & le vice ; qu'une ſuſpenſion entre le bien & le mal. Le passage à l'acte, est la décision pour le bien, & par conséquent le bien supérieur. La puissance susceptible du bien & du mal, vient de Dieu. Nous avons fait voir qu'on n'en pouvoit douter. Dirons-nous que le coup décisif, qui détermine au plus grand bien, ne vient pas de lui, ou en vient moins ? Tout ceci prouve évidemment ce que dit l'Apôtre, sçavoir, que Dieu donne le vouloir & le faire, selon son bon plaisir. Voila la dépendance de l'homme : cherchons sa liberté.

LXVI.
De la liberté de l'homme.

Je suis libre, & je n'en puis douter. J'ai une conviction intime & inébranlable que je puis

vouloir, & ne vouloir pas : qu'il
y a en moi une élection, non
feulement entre le vouloir, & le
non vouloir : mais encore entre
diverfes volontez, fur la variété
des objets qui fe préfentent.
Je fens, comme dit l'Ecriture,
que je fuis *dans la main de mon*
confeil. En voila déja affez pour
me montrer que mon ame
n'eft point corporelle. Tout ce
qui eft corps, ou corporel, ne
fe détermine en rien foi-même,
& eft au contraire déterminé en
tout par des loix qu'on nomme
phyfiques, qui font néceffaires,
invincibles, & contraires à ce
que j'appelle liberté. De là je
conclus que mon ame eft d'une
nature entierement différente
de celle de mon corps. Qui
eft-ce qui a pû unir d'une
union réciproque deux natures
fi différentes, & les tenir dans

un concert si juste pour toutes leurs opérations ? Ce lien ne peut être formé, comme nous l'avons déja remarqué, que par un être supérieur, qui réunisse ces deux genres de perfections dans sa perfection infinie.

LXVII.

La liberté de l'homme consiste en ce que sa volonté, en se déterminant, se modifie elle-même.

Il n'en est pas de même de cette modification de mon ame, qu'on nomme vouloir, comme des modifications des corps. Un corps ne se modifie en rien lui-même. Il est modifié par la seule puissance de Dieu. Il ne se meut point : il est mû. Il n'agit en rien : il est seulement agi, s'il m'est permis de parler de la sorte. Ainsi

Dieu eſt l'unique cauſe réelle & immédiate de toutes les différentes modifications des corps. Pour les eſprits, il n'en eſt pas de même ; ma volonté ſe détermine elle-même. Or ſe déterminer à un vouloir, c'eſt ſe modifier. Ma volonté ſe modifie donc elle-même. Dieu peut prévenir mon ame : mais il ne lui donne point le vouloir, de la même maniere dont il donne le mouvement aux corps. Si c'eſt Dieu qui me modifie, je me modifie moi-même avec lui ; je ſuis cauſe réelle avec lui de mon propre vouloir. Mon vouloir eſt tellement à moi, qu'on ne peut s'en prendre qu'à moi, ſi je ne veux pas ce qu'il faut vouloir. Quand je veux une choſe, je ſuis maître de ne la vouloir pas : quand je ne la veux pas, je ſuis maître

de la vouloir. Je ne ſuis pas contraint dans mon vouloir , & je
ne ſçaurois l'être : car je ne ſçaurois vouloir malgré moi ce que
je veux , puiſque le vouloir que
je ſuppoſe exclut évidemment
toute contrainte. Outre l'éxemption de toute contrainte , j'ai
encore l'éxemption de toute néceſſité. Je ſens que j'ai un vouloir,
pour ainſi dire, à deux tranchans,
qui peut ſe tourner à ſon choix
vers le oüi & vers le non, vers un
objet, ou vers un autre. Je ne connois point d'autre raiſon de mon
vouloir, que mon vouloir même.
Je veux une choſe, parce que je
veux bien la vouloir, & que rien
n'eſt tant en ma puiſſance que de
vouloir , ou de ne vouloir pas.
Quand même ma volonté ne ſeroit pas contrainte , ſi elle étoit
néceſſitée, elle ſeroit auſſi invinciblement déterminée à vouloir ,

que les corps le font à se mouvoir. La néceffité invincible tom-
beroit autant fur le vouloir pour
les efprits, qu'elle tombe fur le
mouvement pour les corps. Alors
il ne faudroit pas s'en prendre
davantage aux volontez de ce
qu'elles voudroient, qu'aux corps
de ce qu'ils fe mouveroient. Il
eft vrai que les volontez voudroient vouloir ce qu'elles voudroient : mais les corps fe meuvent du mouvement dont ils fe
meuvent, comme les volontez
veulent du vouloir dont elles
veulent. Si le vouloir eft néceffité comme le mouvement : il
n'eft ni plus digne de loüange,
ni plus digne de blâme. Le vouloir néceffité, pour être un vrai
vouloir non contraint, n'en eft
pas moins un vouloir qu'on ne
peut s'abftenir d'avoir, & duquel on ne peut fe prendre à ce-

...ui qui l'a. La connoiſſance pré-
cédente ne donne point de liberté véritable : car un vouloir
peut être précédé de la connoiſſance de divers objets, & n'a-
voir pourtant aucune réelle élection. La délibération même
n'eſt qu'un jeu ridicule, ſi je délibere entre deux partis, étant
dans l'impuiſſance actuelle de
prendre l'un, & dans la néceſſité
actuelle de prendre l'autre. Enfin il n'y a aucune élection ſé-
rieuſe & véritable entre deux
objets, s'ils ne ſont tous deux
actuellement toutprêts, en ſorte
que je puiſſe laiſſer & prendre
celui qu'il me plaira.

LXVIII.

*La volonté peut réſiſter à la grace,
& ſa liberté eſt le fondement
du mérite & du démérite.*

En diſant que je ſuis libre, je
dis donc que mon vouloir eſt
pleinement en ma puiſſance, &
que Dieu même me le laiſſe
pour le tourner où je voudrai;
que je ne ſuis point déterminé
comme les autres êtres, & que
je me détermine moi-même. Je
conçois que ſi ce premier être
me prévient pour m'inſpirer une
bonne volonté, je demeure le
maître *de rejetter* ſon actuelle inſpiration, quelque forte qu'elle
ſoit; de la fruſtrer de ſon effet;
& de lui refuſer mon conſente-
ment. Je conçois auſſi que quand
je rejette ſon inſpiration pour le
bien, j'ai le vrai & actuel pouvoir

*Conc. Trid.
Seſſ. 6.*

voir de ne la rejetter pas : comme jai le pouvoir actuel & im-
médiat de me lever quand je
demeure affis, & de fermer les
yeux quand je les ai ouverts. Les
objets peuvent me folliciter par
tout ce qu'ils ont d'agréable à
les vouloir. Les raifons de vouloir peuvent fe préfenter à moi
avec ce qu'elles ont de plus vif
& de plus touchant. Le premier être peut auffi m'attirer
par fes plus perfuafives infpira-
tions. Mais enfin dans cet at-
trait actuel des objets, des raifons, & même de l'infpiration
d'un être fupérieur, je demeure encore maître de ma volonté pour vouloir, ou ne vouloir
pas.

C'eft cette éxemption non-
feulement de toute contrainte,
mais encore de toute néceffité,
& cet empire fur mes propres

V

actes, qui fait que je suis inexcu-
fable quand je veux mal, & que
je suis loüable quand je veux
bien. Voila le fond du mérite
& du démérite ; voila ce qui
rend jufte ou la punition, ou la
récompenfe ; voila ce qui fait
qu'on exhorte, qu'on reprend,
qu'on menace, qu'on promet.
C'eft-là le fondement de toute
police, de toute inftruction, &
de toute regle des mœurs. Tout
fe réduit, dans la vie humaine,
à fuppofer comme le fondement
de tout, que rien n'eft tant en
la puiffance de nôtre volonté,
que nôtre propre vouloir ; &
que nous avons ce libre arbitre,
ce pouvoir, pour ainfi dire, à
deux tranchans, cette vertu éle-
ctive entre deux partis qui font
immédiatement comme fous
nôtre main. C'eft ce que les
bergers & les laboureurs chan-

Aug. L.
de duabus
animab.

tent sur les montagnes ; ce que les marchands & les artisans supposent dans leur négoce ; ce que les acteurs représentent dans les spectacles ; ce que les magistrats croient dans leurs conseils ; ce que les docteurs enseignent dans leurs écoles ; ce que nul homme sensé ne peut révoquer en doute sérieusement. Cette vérité, imprimée au fond de nos cœurs, est supposée dans la pratique par les philosophes même qui voudroient l'ébranler par de creuses spéculations. L'évidence intime de cette vérité est comme celle des premiers principes, qui n'ont besoin d'aucunes preuves, & qui servent eux-mêmes de preuves aux autres véritez moins claires. Comment le premier être peut-il avoir fait une créature qui soit ainsi l'arbitre de ses propres actes ?

LXIX.

Caractere de la Divinité dans la dépendance & l'indépendance de l'homme.

Rassemblons maintenant ces deux véritez également certaines. Je suis dépendant d'un premier être dans mon vouloir même : & néanmoins je suis libre. Quelle est donc cette liberté dépendante ? Comment peut-on comprendre un vouloir qui est libre, & qui est donné par un premier Etre ? Je suis libre dans mon vouloir, comme Dieu dans le sien. C'est en cela principalement que je suis son image, & que je lui ressemble. Quelle grandeur qui tient de l'infini ! Voila le trait de la Divinité même. C'est une espece de puissance divine, que j'ai sur mon vouloir. Mais je ne suis qu'une simple image de cet Etre si libre, & si puissant.

L'image de l'indépendance divine n'est pas la réalité de ce qu'elle représente ; ma liberté n'est qu'une ombre de celle de ce premier Etre, par qui je suis, & par qui j'agis. D'un coté le pouvoir que j'ai de vouloir mal, est moins un vrai pouvoir, qu'une foiblesse & une fragilité de mon vouloir. C'est un pouvoir de décheoir, de me dégrader, de diminuer mon degré de perfection, & d'être. D'un autre coté le pouvoir que j'ai de bien vouloir, n'est point un pouvoir absolu, puisque je ne l'ai point de moi même. La liberté n'étant donc autre chose que ce pouvoir : le pouvoir emprunté ne peut faire qu'une liberté empruntée & dépendante. Un Etre si imparfait &

ſi emprunté ne peut donc être que dépendant. Comment eſt-il libre ? Quel profond myſtere ! Sa liberté, dont je ne puis douter, montre ſa perfection : ſa dépendance montre le néant dont il eſt ſorti.

L X X.

Sceau de la Divinité dans ſes ouvrages.

Nous venons de voir les traces de la Divinité, ou pour mieux dire, le ſceau de Dieu même, dans tout ce qu'on appelle les ouvrages de la nature. Quand on ne veut point ſubtiliſer, on remarque du premier coup d'œil une main, qui eſt le premier mobile dans toutes les parties de l'Univers. Les cieux, la terre, les aſtres, les plantes, les animaux, nos corps, nos eſprits : tout marque un ordre,

r une mesure précise, un art, une
d sagesse, un esprit supérieur à
n nous, qui est comme l'ame du
n monde entier, & qui mene tout
s à ses fins avec une force douce
s & insensible, mais toute puissante. Nous avons vû, pour ainsi dire, l'architecture de l'Univers, la juste proportion de toutes ses parties; & le simple coup
d'œil nous a suffi partout, pour
trouver dans une fourmi, encore plus que dans le soleil, une
sagesse & une puissance qui se
plaît à éclater en façonnant ses
plus vils ouvrages. Voila ce qui
se présente d'abord sans discussion aux hommes les plus igno-
rans. Que seroit-ce si nous en-
trions dans les secrets de la physique; & si nous faisions la dis-
section des parties internes des
animaux, pour y trouver la plus
parfaite méchanique ?

LXXI,
Objection des Epicuriens qui attribuënt tout au hazard.

J'entends certains philosophes qui me répondent que tout ce discours sur l'art qui éclatte dans toute la Nature, n'est qu'un sophisme perpétuel. Toute la Nature, diront-ils, est à l'usage de l'homme, il est vrai : mais vous en concluez mal à propos qu'elle a été faite avec art pour l'usage de l'homme. C'est être ingénieux à se tromper soi - même, pour trouver ce qu'on cherche, & qui ne fut jamais. Il est vrai, continuëront-ils, que l'industrie de l'homme se sert d'une infinité de choses que la Nature lui fournit, & qui lui sont commodes : mais la Nature n'a point fait exprès ces choses.

chofes pour fa commodité. Par
éxemple, des villageois grim-
pent tous les jours, par certaines pointes de rochers, au fom-
met d'une montagne, il ne s'enfuit pas néanmoins que ces pointes de rochers aient été tail-
lées avec art comme un efca-
lier pour la commodité des
hommes. Tout de même, quand
on eft à la campagne pendant
un orage, & qu'on rencontre
une caverne, on s'en fert comme d'une maifon, pour fe mettre à couvert. Il n'eft pourtant
pas vrai que cette caverne ait
été faite exprès pour fervir de
maifon aux hommes. Il en eft
de même du monde entier. Il a
été formé par le hazard, &
fans deffein : mais les hommes
le trouvant tel qu'il eft, ont eû
l'invention de le tourner à leurs
ufages. Ainfi l'art que vous vou-

lez admirer dans l'ouvrage &
dans son ouvrier, n'est que dans
les hommes, qui sçavent après
coup se servir de tout ce qui les
environne. Voila sans doute la
plus forte objection que ces philosophes puissent faire ; & je crois
qu'ils ne peuvent point se plain-
dre que je l'aie affoiblie. Mais
nous allons voir combien elle
est foible en elle-même, quand
on l'éxamine de près. La simple répétition de ce que j'ai déja
dit suffira pour le démontrer.

LXXII.

*Réponse à l'objection des Epicu-
riens qui attribuënt tout
au hazard.*

Que diroit-on d'un homme
qui se picqueroit d'une philosophie subtile, & qui entrant dans
une maison, soûtiendroit qu'elle

a été faite par le hazard, &
que l'induſtrie n'y a rien mis
pour en rendre l'uſage commode aux hommes, à cauſe qu'il
y a des cavernes qui reſſemblent
en quelque choſe à cette maiſon, & que l'art des hommes n'a
jamais creuſé ? On montreroit à
celui qui raiſonneroit de la ſorte toutes les parties de cette maiſon. Voïez-vous, lui diroit-on,
cette grande porte de la cour ?
Elle eſt plus grande que toutes
les autres, afin que les carroſſes
y puiſſent entrer. Cette cour eſt
aſſez ſpatieuſe pour y faire tourner les carroſſes avant qu'ils ſor-
tent. Cet eſcalier eſt compoſé de
marches baſſes, afin qu'on puiſſe
monter ſans effort. Il tourne ſui-
vant les appartemens & les étages pour leſquels il doit ſervir.
Les fenêtres ouvertes de diſtance en diſtance, éclairent tout le

bâtiment. Elles font vitrées, de peur que le vent n'entre avec la lumiere. On peut les ouvrir quand on veut, pour refpirer un air doux dans la belle faifon. Le toit eft fait pour défendre tout le bâtiment des injures de l'air. La charpente eft en pointe, afin que la pluie & la neige s'y écoulent facilement des deux côtez. Les tuiles portent les unes fur les autres, pour mettre à couvert le bois de la charpente. Les divers planchers des étages fervent à multiplier les logemens dans un petit efpace, en les faifant les uns au deffus des autres. Les cheminées font faites pour allumer du feu en hiver, fans bruler la maifon, & pour faire exhaler la fumée, fans la laiffer fentir à ceux qui fe chauffent. Les appartemens font diftribuez de maniere qu'ils ne font point

engagez les uns dans les autres ;
que toute une famille nombreu-
se y peut loger, sans que les uns
aient besoin de passer par les
chambres des autres ; & que le
logement du maître est le principal. On y voit des cuisines, des
offices, des écuries, des remises
de carosses. Les chambres sont
garnies de lits pour se coucher,
de chaises pour s'asseoir, de tables pour écrire, & pour manger. Il faut, diroit-on à ce philosophe, que cet ouvrage ait
été conduit par quelque habile
architecte : car tout y est agréable, riant, proportionné, commode. Il faut même qu'il ait eu
sous lui d'excellens ouvriers.
Nullement, répondroit ce philosophe ; vous êtes ingénieux à
vous tromper vous-mêmes. Il
est vrai que cette maison est
riante, agréable, proportion-

née, commode : mais elle s'eſt faite d'elle-même avec toutes ſes proportions. Le hazard en a aſſemblé les pierres avec ce bel ordre ; il a élevé les murs, aſſemblé & poſé la charpente, percé les fenêtres, placé l'eſcalier. Gardez-vous bien de croire qu'aucune main d'homme y ait eû aucune part. Les hommes ont ſeulement profité de cet ouvrage, quand ils l'ont trouvé fait. Ils s'imaginent qu'il eſt fait pour eux, parce qu'ils y remarquent des choſes qu'ils ſçavent tourner à leurs commoditez : mais tout ce qu'ils attribuënt au deſſein d'un architecte imaginaire, n'eſt que l'effet de leurs inventions après coup. Cette maiſon ſi réguliere, & ſi bien entenduë, ne s'eſt faite que comme une caverne ; & les hommes la trouvant faite, s'en ſervent, comme ils se serviroient pendant un orage, d'un antre qu'ils trouveroient sous un rocher, au milieu d'un désert.

Que penseroit-on de ce bizarre philosophe, s'il s'obstinoit à soûtenir sérieusement que cette maison ne montre aucun art ? Quand on lit la fable d'Amphion, qui par un miracle de l'harmonie faisoit élever avec ordre & symmétrie les pierres les unes sur les autres, pour former les murailles de Thebes, on se jouë de cette fiction poëtique : mais cette fiction n'est pas si incroiable, que celle que l'homme que nous supposons, oseroit défendre. Au moins pourroit-on s'imaginer que l'harmonie, qui consiste dans un mouvement local de certains corps, pourroit par quelques-unes de ces vertus secretes

qu'on admire dans la Nature
fans les entendre, ébranler les
pierres avec un certain ordre,
& une efpece de cadence,
qui feroit quelque régularité
dans l'édifice. Cette explication choque néanmoins, & ré-
volte la raifon : mais enfin,
elle eft encore moins extrava-
gante, que celle que je viens
de mettre dans la bouche d'un
philofophe. Qu'y a-t-il de plus
abfurde, que de fe repréfenter
des pierres qui fe taillent, qui
fortent de la carriere, qui
montent les unes fur les autres,
fans laiffer de vuide ; qui portent
avec elles leur ciment pour leur
liaifon ; qui s'arrangent pour
diftribuer les appartemens ; qui
reçoivent au deffus d'elles le
bois d'une charpente, avec les
tuiles pour mettre l'ouvrage à
couvert ? Les enfans même,

qui bégaient encore, riroient, ſi on leur propoſoit ſérieuſement cette fable.

LXXIII.

Comparaiſon du monde, avec une maiſon réguliere. Suite de la réponſe à l'objection des Epicuriens.

Mais pourquoi rira - t - on moins d'entendre dire que le monde s'eſt fait de lui-même, comme cette maiſon fabuleuſe ? Il ne s'agit pas de comparer le monde à une caverne informe, qu'on ſuppoſe faite par le hazard : il s'agit de le comparer à une maiſon, où éclateroit la plus parfaite architecture. Le moindre animal eſt d'une ſtructure, & d'un art infiniment plus admirable, que la plus belle de toutes les maiſons.

Un voiageur entrant dans le Saïde, qui est le païs de l'ancienne Thebes à cent portes, & qui est maintenant désert, y trouveroit des colomnes, des pyramides, des obélisques, des inscriptions en caracteres inconnus. Diroit-il aussi-tôt : les hommes n'ont jamais habité ces lieux ; aucune main d'homme n'a travaillé ici ; c'est le hazard qui a formé ces colomnes, qui les a posées sur leurs pied-estaux, & qui les a couronnées de leurs chapiteaux avec des proportions si justes ; c'est le hazard qui a lié si solidement les morceaux dont ces pyramides sont composées ; c'est le hazard qui a taillé ces obélisques d'une seule pierre, & qui y a gravé tous ces caracteres ? Ne diroit-il pas au contraire, avec toute la certitude dont l'es-

prit des hommes est capable :
ces magnifiques débris sont les
restes d'une majestueuse architecture, qui florissoit dans l'ancienne Egypte ? Voila ce que
la simple raison fait dire au
premier coup d'œil , & sans
avoir besoin de raisonner. Il
en est de même du premier
coup d'œil jetté sur l'Univers.
On peut s'embroüiller soi-même
après coup, par de vains raisonnemens , pour obscurcir ce
qu'il y a de plus clair : mais
le simple coup d'œil est décisif. Un ouvrage tel que le
monde, ne se fait jamais de
lui-même. Les os, les tendons,
les veines , les arteres , les
nerfs , les muscles qui composent le corps de l'homme ,
ont plus d'art & de proportion,
que toute l'architecture des
anciens Grecs & Egyptiens.

L'œil du moindre animal surpasse la méchanique de tous
les artisans ensemble. Si on
trouvoit une montre dans les
sables d'Afrique, on n'oseroit
dire sérieusement que le hazard l'auroit formée dans ces
lieux déserts : & on n'a point
de honte de dire que les corps
des animaux, à l'art desquels
nulle montre ne peut jamais
être comparée, sont des caprices du hazard.

LXXIV.

Autre objection des Epicuriens,
tirée du mouvement éternel
des atômes.

Je n'ignore pas un raisonnement que les Epicuriens peuvent faire. Les atômes, diront-
ils, ont un mouvement éternel;
leurs concours fortuit doit

avoir déja épuisé , dans cette éternité, des combinaisons infinies. Qui dit l'infini, dit quelque chose qui comprend tout , sans exception. Parmi ces combinaisons infinies des atômes qui sont déja arrivées successivement , il faut nécessairement qu'on y trouve toutes celles qui sont possibles. S'il y en avoit une seule de possible , au-delà de celles qui sont contenuës dans cet infini , il ne seroit plus un infini véritable : parce qu'on pourroit y ajouter quelque chose ; & que ce qui peut être augmenté , aiant une borne par le côté susceptible d'accroissement, n'est point véritablement infini. Il faut donc que la combinaison des atômes, qui fait le sylteme présent du monde , soit une des combinaisons que les atômes ont eu successivement .

Ce principe étant posé, faut-
il s'étonner que le monde soit
tel qu'il est ? Il a dû prendre
cette forme précise un peu plûtôt, ou un peu plus tard. Il
falloit bien qu'il parvint, dans
quelques-uns de ces changemens infinis, à cette combinaison, qui le rend aujourd'hui si
régulier, puisqu'il doit avoir déja eu tour à tour toutes les combinaisons concevables. Dans le
total de l'éternité font renfermez tous les systemes. Il n'y
en a aucun, que le concours des
atômes ne forme, & n'embraf-
se tôt ou tard. Dans cette variété infinie de nouveaux fpe-
ctacles de la Nature, celui-ci
a été formé en fon rang. Il a
trouvé place à fon tour. Nous
nous trouvons actuellement
dans ce fyfteme. Le concours
des atômes qui l'a fait, le défe-

…ra enfuite, pour en faire d'au‑
…tres à l'infini, de toutes les ef‑
…peces poffibles. Ce fyfteme ne
…pouvoit manquer de trouver
…fa place, puifque tous, fans
…exception, doivent recouvrer la
…leur chacun à fon tour. C'eft
…en vain qu'on cherche un art
chimerique dans un ouvrage
que le hazard a dû faire tel
qu'il eft.

Un exemple achevera d'é‑
claircir ceci. Je fuppofe un
nombre infini de combinaifons
des lettres de l'alphabet, for‑
mées fucceffivement par le ha‑
zard. Toutes les combinaifons
poffibles font fans doute ren‑
fermées dans ce total, qui eft
véritablement infini. Or eft-il
que l'Iliade d'Homere n'eft
qu'une combinaifon de lettres.
L'Iliade d'Homere eft donc ren‑
fermée dans ce recueil infini

de combinaiſons des caracteres
de l'alphabet. Ce fait étant
ſuppoſé, un homme qui voudra trouver de l'art dans l'Iliade, raiſonnera très mal. Il
aura beau animer l'harmonie
des vers, la juſteſſe & la ma-
gnificence des expreſſions, la
naïveté des peintures, la proportion des parties du poëme,
ſon unité parfaite, & ſa conduite
inimitable. En vain il ſe ré-
criera que le hazard ne peut
jamais faire rien de ſi parfait,
& que le dernier effort de l'art
humain peut à peine achever
un ſi bel ouvrage. Tout ce
raiſonnement ſi ſpécieux por-
tera viſiblement à faux. Il ſera certain que le hazard, ou
concours fortuit des caracteres,
les aſſemblant tour à tour avec
une variété infinie, il a fallu
que la combinaiſon préciſe qui
fait

ı fait l'Iliade, vint à son tour un
ı peu plûtôt, ou un peu plus tard.
ı Elle est enfin venuë ; & l'Iliade
entiere se trouve parfaite, sans
que l'art d'un homme s'en soit
mêlé. Voila l'objection rap-
portée de bonne-foi, sans l'af-
foiblir en rien. Je demande au
lecteur une attention suivie,
pour les réponses que j'y vais
faire.

LXXV.

Réponses à l'objection des Epi-
curiens, tirée du mouvement
éternel des atômes.

Rien n'est plus absurde que
de parler de combinaisons suc-
cessives des atômes, qui soient
infinies en nombre. L'infini ne
peut jamais être successif, ni
divisible. Donnez-moi un nombre, que vous prétendrez être
infini : je pourrai toûjours faire

Y

deux chofes, qui démontreront
que ce n'eft pas un infini véritable. 1°. J'en puis retrancher
une unité. Alors il deviendra
moindre qu'il n'étoit, & fera
certainement fini : car tout ce
qui eft moindre que l'infini, a
une borne par l'endroit où
l'on s'arrête, & où l'on pourroit aller au delà. Or le nombre, qui eft fini dès qu'on en
retranche une feule unité, ne
pouvoit pas être infini avant
ce retranchement. Une feule
unité eft certainement finie.
Or un fini joint à un autre fini, ne fçauroit faire l'infini. Si
une feule unité ajoûtée à un
nombre fini, faifoit l'infini : il
faudroit dire que le fini égale-
roit prefque l'infini ; ce qui
eft le comble de l'abfurdité.
2°. Je puis ajoûter une unité
à ce nombre, & par confé-

quent l'augmenter. Or ce qui peut être augmenté, n'eſt point infini : car l'infini ne peut avoir aucune borne ; & ce qui peut recevoir de l'augmentation, eſt borné par l'endroit où l'on s'arrête, pouvant aller plus loin, & y ajoûter quelque unité. Il eſt donc évident que nul compoſé diviſible, ne peut être l'infini véritable.

Ce fondement étant poſé, tout le roman de la philoſophie Epicurienne diſparoît en un moment. Il ne peut jamais y avoir aucun corps diviſible, qui ſoit véritablement infini en étenduë, ni aucun nombre, ni aucune ſucceſſion qui ſoit un infini véritable. De là il s'enſuit qu'il ne peut jamais y avoir un nombre ſucceſſif de combinaiſons d'atômes qui ſoit infini. Si cet infini chimérique étoit véritable : toutes les combinaisons possibles & concevables d'atômes s'y rencontreroient, j'en conviens ; par conséquent il seroit vrai qu'on y trouveroit toutes les combinaisons qui semblent demander la plus grande industrie ; ainsi on pourroit attribuer au pur hazard , tout ce que l'art fait de plus merveilleux ; si on voioit des palais d'une parfaite architecture , des meubles, des montres , des horloges, & toutes sortes de machines les plus composées, dans une isle déserte , il ne seroit plus permis de conclure qu'il y a eu des hommes dans cette isle , & qu'ils ont fait tous ces beaux ouvrages ; il faudroit dire : peut - être qu'une des combinaisons infinies des atômes , que le hazard a faites successive-

ment, a formé tous ces compo-
sez dans cette iſle déſerte, ſans
que l'induſtrie d'aucun homme
s'en ſoit mêlée ; ce diſcours ne
ſeroit qu'une conſéquence très
bien tirée du principe des Epicuriens. Mais l'abſurdité de la
conſéquence, ſert à faire ſentir
celle du principe qu'ils veulent
poſer. Quand les hommes, par
la droiture naturelle de leur
ſens commun, concluënt que
ces ſortes d'ouvrages ne peuvent venir du hazard : ils ſuppoſent viſiblement, quoique
d'une maniere confuſe, que les
atômes ne ſont point éternels,
& qu'ils n'ont point eu dans
leur concours fortuit, une ſucceſſion de combinaiſons infinie.
Car ſi on ſuppoſoit ce principe,
on ne pourroit plus diſtinguer
jamais les ouvrages de l'art,
d'avec ceux de ces combinai-

fons, qui feroient fortuites comme des coups de dez.

LXXVI.

Les Epicuriens confondent les ouvrages de l'art avec ceux de la Nature.

Tous les hommes qui fuppo- fent naturellement une diffé- rence fenfible entre les ouvra- ges de l'art & ceux du hazard, fuppofent donc, fans l'avoir ap- profondi, que les combinai- fons d'atômes n'ont point été infinies ; & leur fuppofition eft jufte. Cette fucceffion infinie de combinaifons d'atômes, eft, comme je l'ai déja montré, une chimere plus abfurde, que toutes les abfurditez qu'on vou- droit expliquer par ce faux prin- cipe. Aucun nombre, ni fuc- ceffif, ni continu, ne peut être infini : d'où il s'enfuit que les

atômes ne peuvent être infinis
en nombre ; que la succeffion
de leurs divers mouvemens, &
de leurs combinaifons, n'a pû
être infinie ; que le monde n'a
pû être éternel ; & qu'il faut
trouver un commencement précis & fixe de ces combinaifons
succeffives. Il faut trouver un
premier individu dans les générations de chaque efpece. Il
faut de même trouver la premiere forme qu'à eu chaque
portion de matiere, qui fait partie de l'Univers. Et comme les
changemens succeffifs de cette
matiere, n'ont pû avoir qu'un
nombre borné, il ne faut admettre dans ces différentes combinaifons, que celles que le
hazard produit d'ordinaire : à
moins qu'on ne reconnoiffe une
fageffe fupérieure, qui ait fait
avec un art parfait, les arran-

gemens que le hazard n'auroit
fçû faire.

LXXVII.
Les Epicuriens suppofent tout ce qu'il leur plaît, fans preuves.

Les philofophes Epicuriens
font fi foibles dans leur fyfteme, qu'ils ne peuvent venir à
bout de le former, qu'autant
qu'on leur donne, fans preuves, tout ce qu'ils demandent
de plus fabuleux. Ils fuppofent
d'abord des atômes éternels :
c'eft fuppofer ce qui eft en
queftion. Où prennent-ils que
les atômes ont toûjours été,
& font par eux-mêmes ? Etre
par foi-même, c'eft la fupreme
perfection. De quel droit fup-
pofent-ils fans preuves que les
atômes ont un être parfait,
éternel, immuable dans leur
propre

propre fond ? Trouvent - ils cette perfection dans l'idée qu'ils ont de chaque atôme en particulier ? Un atôme n'étant pas l'autre, & étant abfolument diftingué de lui, il faudroit que chacun d'eux portât en foi l'éternité, & l'indépendance à l'égard de tout autre être. Encore une fois, eft-ce dans l'idée qu'ils ont de chaque atô-me, que ces philofophes trouvent cette perfection ? Mais donnons-leur là-deffus tout ce qu'ils demanderont, & ce qu'ils ne devroient pas même ofer demander. Suppofons donc que les atômes font éternels, exiftans par eux-mêmes, indépendans de tout autre être, & par conféquent entierement parfaits.

LXXVIII.

Les suppositions des Epicuriens sont faußes & chimériques.

Faudra-t-il suppofer encore qu'ils ont par eux - mêmes le mouvement ? Le suppofera-t-on à plaifir, pour réalifer un fyftême plus chimérique que les contes des Fées ? Confultons l'idée que nous avons d'un corps. Nous le concevons parfaitement , fans fuppofer qu'il fe meuve. Nous nous le repréfentons en repos, & l'idée n'en eft pas moins claire en cet état ; il n'en a pas moins fes parties , fa figure , & fes dimenfions. C'eft en vain qu'on veut fuppofer que tous les corps font fans ceffe en quelque mouvement fenfible , ou infenfible ; & que fi quelques portions de la matiere font dans un moin-

» dre mouvement que les autres,
» du moins la masse universelle de
» la matiere a toujours dans sa to-
» talité le même mouvement. Parler ainsi, c'est parler en l'air,
& vouloir être cru sur tout ce
qu'on s'imagine. Où prend-on
que la masse de la matiere a
toûjours dans sa totalité le même mouvement ? Qui est-ce qui
en a fait l'expérience ? Ose-t-on
appeller philosophie cette fiction
téméraire, qui suppose ce qu'on
ne peut jamais verifier ? N'y a-
t-il qu'à supposer tout ce qu'on
veut, pour éluder les veritez
les plus simples, & les plus constantes ? De quel droit suppose-
t-on que tous les corps se meuvent sans cesse sensiblement ou
insensiblement ? Quand je vois
une pierre qui paroît immobile,
comment me prouvera-t-on qu'il
n'y a aucun atôme dans cette

pierre, qui ne se meuve actuellement ? Ne me donnera-t-on jamais pour preuves décisives, que
des suppositions sans vrai-sem-
blance ?

LXXIX.
*Il est faux que le mouvement soit
essentiel aux corps.*

Allons encore plus loin. Supposons par un excés de complaisance que tous les corps de
la Nature se meuvent actuellement. S'ensuit-il que le mouvement soit essentiel à toute portion de matiere ? D'ailleurs, si
tous les corps ne se meuvent
pas également ; si les uns se meuvent plus sensiblement, & plus
fortement que les autres ; si le
même corps peut se mouvoir
tantôt plus, & tantôt moins ; si
un corps qui se meut, commu-

nique fon mouvement au corps
voifin qui étoit en repos, ou dans
un mouvement tellement inférieur, qu'il étoit infenfible : il faut
avoüer qu'une maniere d'être,
qui tantôt augmente, & tantôt
diminuë dans les corps, ne leur
eft pas effentielle. Ce qui eft ef-
fentiel à un être, eft toûjours le
même en lui. Le mouvement
qui varie dans les corps, & qui
après avoir augmenté, fe ralen-
tit jufqu'à paroître abfolument
aneanti ; le mouvement qui fe
perd, qui fe communique, qui
paffe d'un corps dans un autre
comme une chofe étrangere,
ne peut être de l'effence des
corps. Je dois donc conclure
que les corps font parfaits dans
leur effence, fans qu'on leur
attribuë aucun mouvement. S'ils
ne l'ont point par leur effence, ils ne l'ont que par acci-

dent ; s'ils ne l'ont que par accident , il faut remonter à la
vraie caufe de cet accident. Il
faut, ou qu'ils fe donnent eux-
mêmes le mouvement , ou qu'ils
le reçoivent de quelqu'autre
être. Il eft évident qu'ils ne fe
le donnent point eux-mêmes ;
nul être ne fe peut donner ce
qu'il n'a pas en foi. Nous voions
même qu'un corps qui eft en repos, demeure toujours immobile, fi quelqu'autre corps voifin
ne vient l'ebranler. Il eft donc
vrai que nul corps ne fe meut par
foi-même , & n'eft mû que par
quelqu'autre corps qui lui communique fon mouvement. Mais
d'où vient qu'un corps en peut
mouvoir un autre ? D'où vient
qu'une boule, qu'on fait rouler
fur une table unie , ne peut en
aller toucher une autre fans la
remuer ? Pourquoi n'auroit - il

pas pû se faire que le mouvement ne se communiquât jamais
d'un corps à un autre ? En ce
cas une boule muë s'arrêteroit
auprès d'une autre en la ren-
contrant, & ne l'ébranleroit jamais.

LXXX.

Les regles que les Epicuriens sup-
posent du mouvement, ne le ren-
dent pas pour cela essentiel au
corps.

On me répondra que les loix
du mouvement entre les corps,
décident que l'un ébranle l'autre. Mais où sont-elles écrites
ces loix du mouvement ? Qui
est-ce qui les a faites, & qui les
rend si inviolables ? Elles ne sont
point de l'essence des corps.
Car on peut concevoir les corps
en repos ; & on conçoit même
des corps, dont les uns ne com-

muniqueroient point leur mouvement aux autres, fi ces regles,
dont la fource eft inconnuë, ne
les y affujettiffoit. D'où vient
cette police, pour ainfi dire, ar-
bitraire pour le mouvement entre tous les corps? D'où viennent ces loix fi ingénieufes, fi
juftes, fi bien afforties les unes
aux autres, & dont la moindre
altération renverferoit tout à
coup tout le bel ordre de l'Univers? Un corps étant entierement
diftingué de l'autre, il eft par le
fond de fa nature abfolument
indépendant de lui en tout :
d'où il s'enfuit qu'il ne doit rien
recevoir de lui, & qu'il ne doit
être fufceptible d'aucune de
fes impreffions. Les modifications d'un corps ne font point
une raifon pour modifier de même un autre corps, dont l'être
eft entierement indépendant de

l'être du premier. C'est en vain
qu'on allegue que les masses les
plus solides & les plus pesantes,
entraînent celles qui sont les
moins grosses & les moins solides;
& que suivant cette regle, une
grosse boule de plomb doit é-
branler une grosse boule d'ivoire.
Nous ne parlons point du fait:
nous en cherchons la cause. Le
fait est constant: la cause en doit
aussi être certaine & précise.
Cherchons-la sans aucune prévention, & dans un plein doute
sur tout préjugé. D'où vient
qu'un gros corps en entraîne
un petit? La chose pourroit se
faire tout aussi naturellement
d'une autre façon. Il pourroit tout aussi-bien se faire
que le corps le plus solide ne
pût jamais ébranler aucun autre corps, c'est-à-dire que le
mouvement fût incommunica-

ble. Il n'y a que l'habitude qui nous affujettiſſe à ſuppoſer que la nature doit agir ainſi.

LXXXI.

Pour donner une raiſon préciſe du mouvement, il faut néceſſairement remonter à un premier moteur.

De plus, nous avons vû que la matiere ne peut être ni infinie, ni éternelle. Il faut donc trouver un premier atôme, par où le mouvement aura commencé dans un moment précis, & un premier concours des atômes, qui aura formé une premiere combinaiſon. Je demande quel moteur a mû ce premier atôme, & a donné ce premier branle à la machine de l'Univers. Il n'eſt pas permis d'éluder une queſtion ſi préciſe par un cercle fans fin. Ce cercle dans un tout fini, doit avoir une fin certaine. Il faut trouver le premier atome ébranlé, & le premier moment de cette premiere motion, avec le premier moteur, dont la main a fait ce premier coup.

LXXXII.

Aucune loi du mouvement n'a son fondement dans l'essence du corps ; & la plûpart de ces loix ne sont qu'arbitraires.

Parmi les loix du mouvement, il faut regarder comme arbitraires toutes celles dont on ne trouve pas la raison dans l'essence même des corps. Nous avons déja vû que nul mouvement n'est essentiel à aucun corps. Donc toutes ces loix, qu'on suppose comme éternelles & im-

muables, font au contraire arbitraires, accidentelles, & infti-
tuées fans néceffité. Car il n'y
en a aucune dont on trouve la
raifon dans l'effence d'aucun
corps.

S'il y avoit quelque regle du
mouvement qui fût effentielle
aux corps, ce feroit fans doute
celle qui fait que les maffes
moins grandes & moins folides,
font mûës par celles qui ont plus
de grandeur & de folidité. Or
nous avons vû que celle-là même n'a point de raifon dans l'effence des corps. Il y en a une
autre qui fembleroit encore être
très naturelle. C'eft celle que les
corps fe meuvent toûjours plûtôt en ligne directe, qu'en ligne
détournée, à moins qu'ils ne
foient contraints dans leur mouvement par la rencontre d'autres corps. Mais cette regle mê-

me n'a aucun fondement réel
dans l'effence de la matiere. Le
mouvement eft tellement acci-
dentel, & furajoûté à la nature
des corps, que cette nature des
corps ne nous montre point
une regle primitive & immuable, fuivant laquelle ils doivent
fe mouvoir, & encore moins fe
mouvoir fuivant certaines regles. De même que les corps auroient pû ne fe mouvoir jamais,
ou ne fe communiquer jamais
de mouvement les uns aux autres : ils auroient pû auffi ne fe
mouvoir jamais qu'en ligne circulaire ; & ce mouvement auroit
été auffi naturel que le mouvement en ligne directe. Qui eft-
ce qui a choifi entre ces deux
regles également poffibles ? Ce
que l'effence des corps ne dé-
cide point, ne peut avoir été
décidé que par celui qui a don-

né aux corps le mouvement qu'ils n'avoient point par leur essence. D'ailleurs, ce mouvement en ligne directe pourroit être de bas en haut, ou de haut en bas, du côté droit au côté gauche, ou du côté gauche au droit, ou en ligne diagonale. Qui est-ce qui a déterminé le sens dans lequel la ligne droite seroit suivie ?

LXXXXIII.

Les Epicuriens ne sçauroient rien conclure de tout ce qu'ils supposent, quand on le leur accorderoit.

Ne nous lassons point de suivre les Epicuriens dans leurs suppositions les plus fabuleuses. Poussons la fiction jusqu'au dernier excés de complaisance. Mettons le mouvement dans l'essence des corps. Suppofons à leur gré que le mouvement en ligne directe eft encore de l'effence de tous les atomes. Donnons aux atômes une intelligence & une volonté, comme les poëtes en ont donné aux rochers & aux fleuves. Accordons leur le choix du fens dans lequel ils commenceront leur ligne droite. Quel fruit tireront ces philofophes de tout ce que je leur aurai donné contre toute évidence ? Il faudroit 1°. que tous les atomes fe muffent de toute éternité ; 2°. qu'ils fe muffent tous également ; 3°. qu'ils fe muffent tous en ligne droite ; 4°. qu'ils le fiffent par une regle immuable & effentielle.

Je veux bien encore par grace fuppofer que ces atômes font de figures différentes : car je laiffe fuppofer à nos adverfaires tout ce qu'ils feroient obligez de prouver , & fur quoi ils n'ont pas même l'ombre d'une preuve. On ne fçauroit trop donner à des gens qui ne peuvent jamais rien conclure de tout ce qu'on leur donnera. Plus on leur paffe d'abfurditez : plus ils font pris par leurs propres principes.

LXXXIV.

Les atômes ne fçauroient faire aucune compofition avec le mouvement que leur donnent les Epicuriens.

Ces atômes de tant de bizares figures , les uns ronds , les autres crochus , les autres en triangle , &c. font obligez par leur effence d'aller toûjours tout droit , fans pouvoir jamais fléchir ni à droite, ni à gauche. Ils ne peuvent donc jamais s'accrocher,

ni faire enfemble aucune com-
cpofition. Mettez tant qu'il vous
qplaira les crochets les plus ai-
gguifez auprès d'autres crochets
lfemblables : fi chacun d'eux ne
lfe meut jamais qu'en ligne véri-
ttablement directe, ils fe mouve-
tront éternellement tout auprès
les uns des autres, fur des lignes
paralleles, fans pouvoir fe joindre & s'accrocher. Les deux lignes droites qu'on fuppofe paralleles, quoi qu'immédiatement voifines, ne fe couperont
jamais, quand même on les
poufferoit à l'infini. Ainfi pendant toute l'éternité il ne peut
réfulter aucun accrochement, ni
par conféquent aucune compofition de ce mouvement des atômes en ligne directe.

LXXXV.

Le clinamen, *ou inflexion des atomes, est une chimere qui jette les Epicuriens dans une grossiere contradiction.*

Les Epicuriens ne pouvant fermer les yeux à l'évidence de cet inconvénient, qui sappe le fondement de tout leur systême, ont encore inventé, comme une derniere ressource, ce que Lucrece nomme *clinamen*. C'est un mouvement qui décline un peu de la ligne droite, & qui donne moien aux atomes de se rencontrer. Ainsi ils les tournent suivant leur imagination comme il leur plaît, pour parvenir à quelque but. Mais où prennent-ils cette petite inflexion des atomes, qui vient si à propos pour sauver leur systême? Si la ligne droite pour le mouvement est essentiel-

le aux corps : rien ne peut les
fléchir, ni par conséquent les
joindre pendant toute l'Eterni-
té ; le *clinamen* viole l'essence
de la matiere ; & ces philosophes se contredisent sans pudeur.
Si au contraire la ligne droite
pour le mouvement n'est pas essentielle à tous les corps : pourquoi nous allegue-t-on d'un ton
si affirmatif des loix éternelles,
nécessaires, & immuables pour
le mouvement des atomes, sans
recourir à un premier moteur ?
Et pourquoi eleve-t-on tout un
systême de philosophie sur le
fondement d'une fable ridicule ?
Sans le *clinamen* la ligne droite
ne peut jamais rien faire, & le
systême tombe par terre. Avec
le *clinamen*, inventé comme les
fables des poëtes, la ligne droite est violée, & le systême se
tourne en dérision.

A a ij

L'un & l'autre, c'est-à-dire la ligne droite & le *clinamen*, font des fuppofitions en l'air, & de purs fonges. Mais ces deux fonges s'entredétruifent ; & voila à quoi aboutit la licence effrénée que les efprits fe donnent de fuppofer comme vérité éternelle, tout ce que leur imagination leur fournit pour autorifer une fable, pendant qu'ils refufent de reconnoître l'art avec lequel toutes les parties de l'Univers ont été formées, & mifes en leurs places.

LXXXVI.

Etrange abfurdité des Epicuriens, qui veulent expliquer l'ame par la déclinaifon des atômes.

Pour dernier prodige d'étonnement, il falloit que les Epicuriens ofaffent expliquer enco-

ere par le *clinamen*, qui eſt lui-
même ſi inexplicable, ce que
nous appellons l'ame de l'homme, & ſon libre arbitre. Ils ſont
donc réduits à dire que c'eſt dans
ce mouvement, où les atômes
ſont dans une eſpece d'équilibre
entre la ligne droite & la ligne
un peu courbée, que conſiſte la
volonté humaine.

Etrange philoſophie ! Les atômes, s'ils ne vont qu'en ligne
droite, ſont inanimez, incapables de tout degré de connoiſſance & de volonté : mais
les mêmes atomes, s'ils ajoû-
tent à la ligne droite un peu de
déclinaiſon, deviennent tout à
coup animez, penſans, & raiſonnables. Ils ſont eux-mêmes des
ames intelligentes, qui ſe con-
noiſſent, qui réfléchiſſent, qui
déliberent, & qui ſont libres
dans ce qu'elles font. Quelle

métamorphofe plus abfurde ! Que diroit-on de la religion, fi elle avoit befoin, pour être prouvée, de principes auffi puériles que ceux de la philofophie qui ofe la combattre férieufement?

LXXXVII.

Les Epicuriens s'aveuglent eux-mêmes, en voulant expliquer la liberté de l'homme par la déclinaifon des atòmes.

Mais remarquons à quel point ces philofophes s'impofent à eux-mêmes. Qu'eft-ce qu'ils peuvent trouver dans le *clinamen* qui explique avec quelque couleur la liberté de l'homme ? Cette liberté n'eft point imaginaire; & il faudroit douter de tout ce qui nous eft le plus intime, & le plus certain, pour douter de notre libre arbitre.

Je sens que je suis libre de demeurer assis, quand je me leve
pour marcher. Je le sens avec
une si pleine certitude , qu'il
n'est pas en mon pouvoir d'en
douter jamais sérieusement ; &
que je me démentirois moi-même, si j'osois dire le contraire.
Peut-on pousser plus loin l'évidence de la preuve de la religion? Il faut douter de notre
liberté même, pour pouvoir douter de la Divinité. D'où je conclus qu'on ne sçauroit douter de
la Divinité sérieusement : car
personne ne peut entrer en un
doute serieux sur sa propre liberté. Si au contraire on avoüe
de bonne foi que les hommes
sont véritablement libres, rien
n'est plus facile que de montrer
que la liberté de la volonté ne
peut consister en aucune combinaison des atomes, supposé

qu'il n'y ait aucun premier moteur, qui ait donné à la matiere
des loix arbitraires pour son
mouvement. Il faut que le mouvement soit essentiel aux corps,
& que toutes les loix du mouvement soient aussi nécessaires
que les essences des natures le
font. Tous les mouvemens des
corps doivent donc, suivant ce
système, se faire par des loix
constantes, nécessaires, & immuables. La ligne droite doit
donc être essentielle à tous les
atômes qui ne font pas détour-
nez par d'autres atômes. La ligne droite doit être essentielle,
ou de bas en haut, ou de haut
en bas, ou de droite à gauche,
ou de gauche à droite, ou de
quelques sens de diagonale qui
soit précis & immuable. D'ailleurs, il est évident que nul atôme ne peut être détourné par

un

un autre. Car cet autre atôme
porte aussi dans son essence la
même détermination invincible
& éternelle à suivre la ligne directe dans le même sens. D'où
il s'ensuit que tous les atômes
d'abord posez sur différentes lignes, doivent parcourir à l'infini ces mêmes lignes paralleles, sans s'approcher jamais ; &
que ceux qui sont dans la même
ligne doivent se suivre les uns
les autres à l'infini , sans pouvoir s'attraper. Le *clinamen* ,
comme nous l'avons déja dit ,
est manifestement impossible.
Mais supposant contre la vérité évidente qu'il soit possible :
il faudroit alors dire que le *cli-*
namen n'est pas moins nécessaire,
immuable, & essentiel aux atômes que la ligne droite. Dira-
t-on qu'une loi essentielle & immuable du mouvement local

des atômes, explique la véritable liberté de l'homme ? Ne
voit-on pas que le *clinamen* ne
peut pas mieux l'expliquer, que
la ligne directe même ? Le *clinamen*, s'il étoit vrai, seroit aussi
nécessaire que la ligne perpen-
diculaire, par laquelle une pierre
tombe du haut d'une tour dans
la ruë. Cette pierre est-elle libre
dans sa chûte ? La volonté de
l'homme, selon le principe du
clinamen, ne l'est pas davantage. Est-ce ainsi que l'homme ose
démentir son propre cœur sur
son libre arbitre, de peur de reconnoître son Dieu ? D'un côté
dire que la liberté de l'homme
est imaginaire, c'est étouffer la
voix & le sentiment de toute
la Nature ; c'est se démentir sans
pudeur ; c'est nier ce qu'on porte
de plus certain au fond de soi-
même ; c'est vouloir réduire un

homme à croire qu'il ne peut jamais choisir entre les deux partis sur lesquels il délibere de bonne foi en toute occasion. Rien n'est plus glorieux à la religion, que de voir qu'il faille tomber dans des excés si monstrueux, dès qu'on veut révoquer en doute ce qu'elle enseigne. D'un autre coté, avoüer que l'homme est véritablement libre, c'est reconnoître en lui un principe qui ne peut jamais être expliqué férieusement par les combinaisons d'atômes, & par les loix du mouvement local, qu'on doit supposer toutes également nécessaires, & essentielles à la matiere, dès qu'on nie le premier moteur. Il faut donc sortir de toute l'enceinte de la matiere, & chercher loin des atômes combinez quelque principe incorporel, pour expliquer le libre arbitre, dès qu'on l'admet de bonne foi. Tout ce qui est matiere & atôme, ne se meut que par des loix nécessaires, immuables, & invincibles. La liberté ne peut donc se trouver, ni dans les corps, ni dans aucun mouvement local. Il faut donc la chercher dans quelque être incorporel. Cet être incorporel, qui doit se trouver en moi uni à mon corps, quelle main l'a attaché & assujetti aux organes de cette machine corporelle ? Où est l'ouvrier qui lie des natures si différentes ? Ne faut-il pas une puissance supérieure aux corps & aux esprits, pour les tenir dans cette union avec un empire si absolu ? Deux atômes crochus, dit un Epicurien, s'accrochent ensemble. Tout cela est faux selon son systême : car j'ai prouvé que ces deux atômes crochus ne s'accrochent jamais, faute de se rencontrer. Mais enfin après avoir supposé que deux atômes crochus s'unissent en s'accrochant, il faudra que l'Epicurien avoüe que l'être pensant, qui est libre dans ses opérations, & qui par conséquent n'est point un amas d'atômes, toujours mûs par des loix nécessaires, est incorporel, & qu'il n'a pû s'accrocher par sa figure au corps qu'il anime. Ainsi l'Epicurien, de quelque côté qu'il se tourne, renverse de ses propres mains son système. Mais gardons-nous bien de vouloir confondre les hommes qui se trompent, puisque nous sommes hommes comme eux, & aussi capables de nous tromper. Plaignons-les ; ne songeons qu'à les éclairer avec patience, qu'à les édifier, qu'à prier pour eux, &

qu'à conclure en faveur d'une vérité évidente.

LXXXVIII.

Il faut nécessairement reconnoître la main d'une premiere cause dans l'Univers, sans s'arrèter à rechercher pourquoi cette premiere cause y a laissé des défauts.

Tout porte donc la marque divine dans l'Univers ; les cieux, la terre, les plantes, les animaux, & les hommes plus que tout le reste. Tout nous montre un deffein suivi, un enchaînement de caufes fubalternes conduites avec ordre par une caufe fupérieure.

Il n'eft point queftion de critiquer ce grand ouvrage. Les défauts qu'on y trouve, viennent de la volonté libre & déreglée de l'homme, qui les produit par fon déreglement : ou de celle

de Dieu, toûjours sainte & toûjours juste, qui veut tantôt punir
les hommes infideles, & tantôt
éxercer par les méchans les bons
qu'il veut perfectionner. Souvent même ce qui paroît défaut à nôtre esprit borné, dans
un endroit séparé de l'ouvrage,
est un ornement par rapport au
dessein général, que nous ne
sommes pas capables de regarder avec des vûës assez étenduës & assez simples, pour connoître la perfection du tout.
N'arrive-t-il pas tous les jours
qu'on blâme témérairement certains morceaux des ouvrages des
hommes, faute d'avoir assez pénétré toute l'étenduë de leurs
desseins ? C'est ce qu'on éprouve
tous les jours pour les ouvrages
des peintres & des architectes.
Si des caracteres d'écriture
étoient d'une grandeur immen-

se, chaque caractere regardé de près, occuperoit toute la vûë d'un homme ; il ne pourroit en appercevoir qu'un seul à la fois, & il ne pourroit lire, c'est-à-dire assembler les lettres, & découvrir le sens de tous ces caracteres rassemblez. Il en est de même des grands traits que la Providence forme dans la conduite du monde entier pendant la longue suite des siecles Il n'y a que le tout qui soit intelligible ; & le tout est trop vaste pour être vû de près. Chaque évenement est comme un caractere particulier qui est trop grand pour la petitesse de nos organes, & qui ne signifie rien s'il est séparé des autres. Quand nous verrons en Dieu à la fin des siecles, dans son vrai point de vûë, le total des évenemens du genre humain, depuis le premier jusqu'au dernier jour de l'Univers, & leurs proportions par rapport aux desseins de Dieu, nous nous écrierons : Seigneur, il n'y a que vous de juste, & de sage. On ne juge des ouvrages des hommes qu'en examinant le total. Chaque partie ne doit point avoir toute perfection : mais seulement celle qui lui convient dans l'ordre, & dans la proportion des différentes parties qui composent le tout. Dans un corps humain, il ne faut pas que tous les membres soient des yeux : il faut aussi des pieds & des mains. Dans l'Univers, il faut un soleil pour le jour : mais il faut aussi une lune pour la nuit. *Nec tibi occurrit perfecta universitas, nisi ubi majora sic præsto sunt, ut minora non desint.* C'est ainsi qu'il faut juger de chaque partie par rapport au tout. Toute

Aug. L. de Lib. arb.

autre vûë est courte & trom-
peuse. Mais qu'est-ce que les foibles desseins des hommes, si on
les compare avec celui de la
création & du gouvernement de
l'Univers ? Autant que le ciel
est élevé au dessus de la terre :
autant, dit Dieu dans les Ecritu-
res, mes voies & mes pensées
sont-elles élevées au dessus des
vôtres. Que l'homme admire
donc ce qu'il entend, & qu'il se
taise sur ce qu'il n'entend pas.
Mais après tout, les vrais défauts
même de cet ouvrage, ne sont
que des imperfections que Dieu y
a laissées, pour nous avertir qu'il
l'avoit tiré du néant. Il n'y a rien
dans l'Univers qui ne porte, & qui
ne doive porter également ces
deux caracteres si opposez; d'un
côté le sceau de l'ouvrier sur son
ouvrage, de l'autre côté la marque du néant d'où il est tiré, & où

il peut retomber à toute heure.
C'est un mélange incompréhensible de baſſeſſe & de grandeur;
de fragilité dans la matiere, &
d'art dans la façon. La main de
Dieu éclate par tout, juſques
dans un ver de terre. Le néant
ſe fait ſentir par tout, juſques
dans les plus vaſtes & les plus
ſublimes génies. Tout ce qui
n'eſt point Dieu, ne peut avoir
qu'une perfection bornée ; & ce
qui n'a qu'uneperfection bornée,
demeure toûjours imparfait, par
l'endroit où la borne ſe fait ſentir, & avertit que l'on y pourroit encore beaucoup ajoûter.
La créature ſeroit le créateur
même, s'il ne lui manquoit rien :
car elle auroit la plénitude de
la perfection, qui eſt la Divinité
même. Dès qu'elle ne peut être
infinie, il faut qu'elle ſoit bornée en perfection , c'eſt-à-dire

Aug. de ordine.

imparfaite par quelque coté. Elle peut avoir plus ou moins d'imperfection : mais enfin il faut toûjours qu'elle soit imparfaite. Il faut qu'on puisse toûjours marquer l'endroit précis où elle manque ; & que la critique puisse dire : voila ce qu'elle pouvoit encore avoir, & ce qu'elle n'a pas.

LXXXIX.

Comparaison des défauts d'un tableau, avec les défauts de l'Univers.

Concluons-nous qu'un ouvrage de peinture est fait par le hazard, quand on y remarque des ombres, ou même quelque négligement de pinceau ? Le peintre, dit-on, auroit pû finir davantage ces carnations, ces draperies, ces lointains. Il est vrai que ce tableau n'est point par-

...ait selon les regles. Mais quelle
folie seroit-ce de dire : ce tableau n'est point absolument
parfait ; donc ce n'est qu'un
amas de couleurs formé par le
hazard, & la main d'aucun peintre n'y a travaillé? Ce qu'on rou-
giroit de dire d'un tableau mal
fait, & presque sans art : on n'a
pas de honte de le dire de l'U-
nivers, où éclate une foule de
merveilles incompréhensibles,
avec tant d'ordre & de proportion. Qu'on étudie le monde
tant qu'on voudra ; qu'on des-
cende au dernier détail ; qu'on
fasse l'anatomie du plus vil animal ; qu'on regarde de près le
moindre grain de bled semé
dans la terre, & la maniere
dont ce germe se multiplie ;
qu'on observe attentivement
les précautions avec lesquelles un bouton de rose s'épa-

noüit au soleil, & se referme vers
la nuit : on y trouvera plus de
dessein, de conduite, & d'industrie, que dans tous les ouvrages
de l'art. Ce que l'on appelle même l'art des hommes, n'est
qu'une foible imitation du grand
art qu'on nomme les loix de la
Nature, & que les impies n'ont
pas eû honte d'appeller le hazard aveugle. Faut-il donc s'é-
tonner si les poëtes ont animé
tout l'Univers ; s'ils ont donné
des aîles aux vents, & des fle-
ches au soleil ; s'ils ont peint les
fleuves qui se hâtent de se pré-
cipiter dans la mer, & les arbres
qui montent vers le ciel, pour
vaincre les raïons du soleil par
l'épaisseur de leurs ombrages ?
Ces figures ont passé même dans
le langage vulgaire. Tant il est
naturel aux hommes de sentir
l'art dont toute la Nature est

pleine. La poësie n'a fait qu'attribuer aux créatures inanimées
le dessein du créateur, qui fait
tout en elles. Du langage figuré
des poëtes, ces idées ont passé
dans la théologie des païens,
dont les théologiens furent les
poëtes. Ils ont supposé un art,
une puissance, une sagesse, qu'ils
ont nommée *numen*, dans les créatures même les plus privées d'intelligence. Chez eux les fleuves
ont été des dieux, & les fontaines des Naïades. Les bois, les
montagnes ont eû leurs divinitez particulieres. Les fleurs ont
eû Flore, & les fruits Pomone.
Plus on contemple sans prévention toute la Nature : plus on y
découvre par tout un fond inépuisable de sagesse, qui est comme l'ame de l'Univers.

X C.

*Il faut nécessairement conclure qu'il
y a un premier Etre qui a formé
l'Univers.*

Que s'ensuit-il de là ? La con-
clusion vient d'elle-même. S'il
faut tant de sagesse & de péné-
tration, dit Minucius Félix, même pour remarquer l'ordre, & le
dessein merveilleux de la struc-
ture du monde : combien à
plus forte raison en a-t-il fallu
pour le former ? Si on admire
tant les philosophes, parce qu'ils
découvrent une petite partie des
secrets de cette sagesse qui a tout
fait : il faut être bien aveugle,
pour ne pas l'admirer elle-
même.

XCI·

XCI.

Raisons pour lesquelles les hommes ne reconnoissent pas Dieu dans l'Univers, où il se présente à eux comme dans un miroir fidele.

Voila le grand objet du monde entier, où Dieu, comme dans un miroir, se présente au genre humain. Mais les uns (je parle des philosophes) se sont évanoüis dans leurs pensées ; tout s'est tourné pour eux en vanité. A force de raisonner subtilement, plusieurs d'entre eux ont perdu même une vérité qu'on trouve naturellement & simplement en soi, sans avoir besoin de philosophie.

Les autres enivrez par leurs passions, vivent toujours distraits. Pour appercevoir Dieu dans ses ouvrages, il faut au

C c

moins y être attentif. Les paſſions aveuglent à un tel point,
non ſeulement les peuples ſauvages, mais encore les nations
qui ſemblent les mieux policées,
qu'elles ne voient pas la lumiere
même qui les éclaire. A cet
égard, les Egyptiens, les Grecs,
& les Romains n'ont pas été
moins aveuglez, & moins abrutis,
que les ſauvages les plus groſſiers. Ils ſe ſont enſevelis comme
eux dans les choſes ſenſibles,
ſans remonter plus haut ; & ils
n'ont cultivé leur eſprit, que
pour ſe flatter par de plus douces ſenſations, ſans vouloir remarquer de quelle ſource elles venoient. Ainſi vivent les
hommes ſur la terre. Ne leur
dites rien : ils ne penſent à rien,
excepté à ce qui flatte leurs paſſions groſſieres, ou leur vanité.
Leurs ames s'appeſantiſſent tel-

lement, qu'ils ne peuvent plus
s'elever à aucun objet incorporel. Tout ce qui n'eſt point pal-
pable, & qui ne peut être ni vû,
ni goûté, ni entendu, ni ſenti,ni
conté, leur ſemble chimérique.
Cette foibleſſe de l'ame ſe tour-
nant en incrédulité, leur paroît
une force; & leur vanité s'applau-
dit de réſiſter à ce qui frappe naturellement le reſte des hommes. C'eſt comme ſi un monſtre
ſe glorifioit de n'être pas formé
ſelon les regles communes de
la Nature; ou comme ſi un
aveugle né triomphoit de ce
qu'il ſeroit incrédule pour la
lumiere, & pour les couleurs, que
le reſte des hommes apperçoit.

XCII.
Priere à Dieu.

O mon Dieu ! si tant d'hommes ne vous découvrent point dans ce beau spectacle, que vous leur donnez de la Nature entiere : ce n'est pas que vous soïez loin de chacun de nous. Chacun de nous vous touche comme avec la main : mais les sens, & les passions qu'ils excitent, emportent toute l'application de l'esprit. Ainsi, Seigneur, vôtre lumiere luit dans les ténebres : & les ténebres sont si épaisses, qu'elles ne la comprennent pas. Vous vous montrez par tout : & par tout les hommes distraits, négligent de vous appercevoir. Toute la Nature parle de vous, & retentit de vôtre saint nom : mais elle parle à des sourds, dont la

furdité vient de ce qu'ils s'é-
tourdiffent toûjours eux - mêmes. Vous êtes auprès d'eux,
& au dedans d'eux : mais ils
font fugitifs, & errans hors
d'eux-mêmes. Ils vous trouveroient, ô douce lumiere, ô éternelle beauté, toûjours ancien- S. Aug.
ne, & toûjours nouvelle, ô
fontaine des chaftes délices, ô
vie pure & bienheureufe de tous
ceux qui vivent véritablement,
s'ils vous cherchoient au dedans
d'eux-memes. Mais les impies ne
vous perdent qu'en fe perdant.
Helas! vos dons, qui leur montrent la main d'où ils viennent,
les amufent jufqu'à les empêcher
de la voir. Ils vivent de vous : &
ils vivent fans penfer à vous ; ou
plûtôt ils meurent auprès de
la vie, faute de s'en nourrir.
Car quelle mort n'eft-ce point
de vous ignorer ? Ils s'endor-

ment dans vôtre sein tendre &
paternel ; & pleins des songes
trompeurs qui les agitent pendant leur sommeil, ils ne sen-
tent pas la main puissante qui
les porte. Si vous étiez un corps
stérile, impuissant, & inanimé,
tel qu'une fleur qui se flétrit, une
riviere qui coule, une maison
qui va tomber en ruine, un tableau qui n'est qu'un amas de
couleurs, pour frapper l'imagination, ou un métail inutile qui
n'a qu'un peu d'éclat : ils vous
appercevroient,& vous attribuë-
roient follement la puissance de
leur donner quelque plaisir,
quoiqu'en effet le plaisir ne
puisse venir des choses inanimées, qui ne l'ont pas, & que
vous en soïez l'unique source.
Si vous n'étiez donc qu'un être
grossier, fragile, & inanimé ;
qu'une masse sans vertu ; qu'une

ombre de l'être : vôtre nature vaine occuperoit leur vanité ; vous feriez un objet proportionné à leurs penſées baſſes & brutales. Mais parce que vous êtes trop au dedans d'eux-mêmes, où ils ne rentrent jamais : vous leur êtes un Dieu caché. Car ce fond intime d'eux-mêmes, eſt le lieu le plus éloigné de leur vûë, dans l'égarement où ils ſont. L'ordre & la beauté que vous répandez ſur la face de vos créatures, ſont comme un voile qui vous dérobe à leurs yeux malades. Quoi donc, la lumiere qui devroit les éclairer, les aveugle ; & les raïons du ſoleil même empêchent qu'ils ne l'apperçoivent ! Enfin, parce que vous êtes une vérité trop haute, & trop pure, pour paſſer par les ſens groſſiers, les hommes rendus ſemblables

Aug. Intimior intimo noſtro.

aux bêtes , ne peuvent vous
concevoir : comme si l'homme
ne connoiſſoit pas tous les jours
la ſageſſe & la vertu, dont aucun de ſes ſens néanmoins ne
peut lui rendre témoignage ;
car elles n'ont ni ſon , ni couleur , ni odeur, ni goût , ni
figure , ni aucune qualité ſenſible. Pourquoi donc, ô mon
Dieu , douter plûtôt de vous,
que de ces autres choſes très
réelles & très manifeſtes, dont
on ſuppoſe la verité certaine,
dans toutes les affaires les plus
ſérieuſes de la vie , & leſquelles, auſſi-bien que vous, échap-
pent à nos foibles ſens ? O mi-
ſere ! ô nuit affreuſe, qui enveloppe les enfans d'Adam !
ô monſtrueuſe ſtupidité ! ô
renverſement de tout l'homme !
L'homme n'a des yeux que pour
voir des ombres ; & la vérité

lui

lui paroît un phantôme. Ce qui n'est rien, est tout pour lui : ce qui est tout, ne lui semble rien. Que vois-je dans toute la Nature ? Dieu. Dieu par tout, & encore Dieu seul. Quand je pense, Seigneur, que tout l'être est en vous, vous épuisez, & vous engloutissez, o abîme de vérité, toute ma pensée. Je ne sçai ce que je deviens. Tout ce qui n'est point vous, disparoît ; & à peine me reste-t-il dequoi me trouver encore moi-même. Qui ne vous voit point, n'a rien vû ; qui ne vous goûte point, n'a jamais rien senti. Il est comme s'il n'étoit pas. Sa vie entiere n'est qu'un songe. Levez-vous, Seigneur, levez-vous. Qu'à vôtre face vos ennemis se fondent comme la cire, & s'évanoüissent comme la fumée. Malheur à l'ame impie, qui loin de vous est sans Dieu, sans espérance, sans éternelle consolation ! Déja heureuse celle qui vous cherche, qui soupire, & qui a soif de vous ! Mais pleinement heureuse celle sur qui rejallit la lumiere de vôtre face , dont vôtre main à essuié les larmes, & dont vôtre amour a déja comblé les desirs ! Quand sera-ce, Seigneur ? O beau jour sans nuage & sans fin, dont vous serez vous-même le soleil, & où vous coulerez au travers de mon cœur comme un torrent de volupté ! A cette douce espérance, mes os tressaillent, & s'écrient : qui est semblable à vous ? Mon cœur se fond, & ma chair tombe en défaillance , ô Dieu de mon cœur, & mon éternelle portion !

FIN.

TABLE

DES SECTIONS
contenuës en ce Volume.

D d ij

Dd iij

Fin de la Table.

audit Estienne de faire imprimer ledit Livre, en
telle forme, marge, caractere, conjointement ou
séparément, & autant de fois que bon lui sem-
blera, & de le vendre, faire vendre, & débiter
par tout nôtre Roiaume, pendant le tems de
quatre années consécutives, à compter du jour
de la date desdites Présentes. Faisons défenses à
toutes Personnes, de quelque qualité & condition
qu'elles soient, d'en introduire d'impression Etran-
gere dans aucun lieu de nôtre obéïssance ; & à
tous Imprimeurs, Libraires, & autres d'imprimer,
faire imprimer, vendre, faire vendre, débiter ni
contrefaire ledit Livre, en tout ni en partie,
sans la permission expresse & par écrit dudit Exposant, ou de ceux qui auront droit de lui, à
peine de confiscation des Exemplaires contrefaits,
de quinze cens livres d'amende contre chacun des
contrevenans, dont un tiers à Nous, un tiers à
l'Hôtel-Dieu de Paris, l'autre tiers audit Exposant ; & de tous dépens, dommages & interests :
A la charge que ces Présentes seront enrégistrées
tout au long sur le Régistre de la Communauté
des Imprimeurs & Libraires de Paris, & ce dans
trois mois de la date d'icelles ; que l'impression
dudit Livre sera faite dans notre Royaume, &
non ailleurs, en bon papier, & en beaux caracteres,
conformément aux Reglemens de la Librairie ; &
qu'avant que de l'exposer en vente, il en sera
mis deux Exemplaires dans nôtre Bibliotheque
publique, un dans celle de nôtre Château du
Louvre, & un dans celle de nôtre tres-cher &
féal Chevalier Chancelier de France le Sieur Phe-
lypeaux Comte de Pontchartrain, Commandeur
de nos Ordres : le tout à peine de nullité des Présentes ; du contenu desquelles vous mandons &
enjoignons de faire joüir l'Exposant ou ses aiant
cause pleinement & paisiblement, sans souffrir
qu'il leur soit fait aucun trouble ou empêchemens.
Voulons que la Copie desdites Présentes, qui
sera imprimée au commencement ou à la fin dudit
Livre, soit tenuë pour dûëment signifiée ; & qu'aux
Copies collationnées par l'un de nos amez &

féaux

féaux Confeillers & Sécretaires, foi foit ajoûtée
comme à l'Original. Commandons au premier
notre Huiſſier ou Sergent de faire pour l'execution
d'icelles tous Actes requis & néceſſaires, fans demander autre permiſſion, & nonobſtant Clameur
de Haro, Chartre Normande, & Lettres à ce
contraires; CAR tel eſt nôtre plaiſir. DONNE'
à Fontainebleau le feptieme jour du mois d'Août,
l'an de Grace mil fept cens douze, & de nôtre
Regne le foixante-dixieme. Signé, Par le Roy
en fon Confeil, DE SAINT-HILAIRE.
Et fcellé.

*Régiſtré fur le Régiſtre n°. 3. de la Commu-
nauté des Imprimeurs & Libraires de Paris, page
506. n°. 505. conformément aux Reglemens, &
notamment à l'Arreſt du Conſeil du 13. Aouſt 1703.
A Paris, ce feptieme jour du mois de Septembre,
1712.*

Signé, L. JOSSE, Syndic.

CATALOGUE

Des Livres nouvellement imprimez à Paris, chez Jacques Estienne, *Libraire, ruë Saint Jacques.*

TRaitez sur la Priere publique, & sur les Dispositions pour offrir les saints Mysteres, & pour y participer avec fruit, *in-douze,* grand papier,   2 liv.

—le même, *in-douze,* petit papier, 1 l. 15 s.

—le même, *in dix-huit,* grand papier, 1 l. 5 s.

—le même, *in dix huit,* petit papier, 1 l.

Lettres sur divers sujets de Morale & de Pieté, *par l'Auteur du Traité de la Priere publique.* Troisieme Edition, *in-douze,* grand papier,   1 l. 15 s.

—le même, *in-douze,* petit papier, 1 l. 10 s.

—le même, *in dix-huit,* grand papier, 1 l. 5 s.

—le même, *in dix-huit,* petit papier, 1 l.

Sentimens qu'il faut inspirer à ceux qui s'engagent dans la profession Religieuse, *in-douze,*   1 l. 5 s.

—Méthode & Pratique des principaux Exercices de Pieté, par le même, *in douze,* 1 l.

Conduite spirituelle pour les Novices, par le même, *in-douze,*   2 l.

Méditations sur les plus importantes Véritez Chrétiennes, & sur les principaux Devoirs de la Vie Religieuse, pour les Retraites de

ceux qui ont embrassé cet état. Nouvelle
Edition, revûë & corrigée par l'Auteur,
in douze,   2 l.
Exhortations aux malades & aux mourans,
avec des considérations sur les devoirs des
personnes qui sont engagées par leur état
à servir les malades dans les Hôpitaux,
in douze,   1 l. 10 f.
Recueil de tous les Mandemens & Lettres Pas-
torales de M. FLECHIER, Evêque de Nîs-
mes, sur divers sujets ; avec son Oraison
funebre, *in-douze*,   1 l. 15 f.
——Oeuvres mêlées, du même ; contenant ses
Discours, Complimens, Harangues, Poë-
sies Latines & Françoises, &c. *in-douze*, 2 l.
—— Lettres choisies, du même, sur divers sujets ; avec une Relation des Fanatiques, *in-
douze*, 2. vol.   4 l.
La Vie de Sainte Therese, tirée des Auteurs
originaux Espagnols, & des Historiens con-
temporains ; avec un choix de ses plus
belles Lettres, pour servir d'éclaircissement
à l'Histoire de sa Vie, par M. DE VILLE-
FORE, *in-quarto*,   6 l.
Conférences Ecclésiastiques de Paris, où l'on
concilie la Discipline de l'Eglise avec la
Jurisprudence du Roiaume *sur le Mariage* ;
& où l'on a ajoûté les passages de l'Ecriture, des Conciles, des Peres, des Juris-
consultes ; les Uz & Coûtumes de chaque
Diocese, &c. Ouvrage non-seulement nécessaire à tous Prêtres, Curez, Directeurs,
Confesseurs, Avocats, &c. mais encore
très utile à toutes les personnes qui sont en-

gagées dans l'état du mariage, ou qui veulent s'y engager. Imprimées par l'ordre de S. E Monseigneur LE CARDINAL DE NOAILLES Archevêque de Paris, *in douze*, 3. vol.   7 l. 10 f.

La Bibliotheque des Prédicateurs, qui contient les principaux sujets de la Morale Chrétienne, mis par ordre alphabétique, & dont chaque sujet contient six Paragraphes, *in-quarto*. Tomes 1. & 2.   14 l.

—— *Idem.* Tomes 4. & 5.   14 l.

Sacrifice perpétuel de Foi & d'Amour au très Saint Sacrement de l'Autel : par le R. P. GOURDAN, Chanoine Régulier de S. Victor, *in douze*.   2 l.

Lettres pour & contre, sur la fameuse question : Si les Solitaires appellez Thérapeutes, dont a parlé Philon le Juif, étoient Chrétiens ; Pour servir d'éclaircissement à un Livre nouvellement imprimé, intitulé : *Philon, de la Vie Contemplative.* in-douze,   1 l. 10 f.

Instructions sur divers Sujets de Morale pour l'Education Chrétienne des Filles, *in-douze*,   2 l.

Sermons sur tous les Mysteres de Nôtre-Seigneur J. C. & de la Sainte Vierge, par M. l'Abbé DU JARRY, *in-douze*, 2. volumes.   }

—— Panegyriques & Oraisons funebres, *in-douze*, 2. vol. par le même.   } 8 l.

Explication du Cantique des Cantiques par M. HAMON, revûë & corrigée sur le Manuscrit, par M. NICOLE, *in-douze*, 4. vol. 8 l.

Les Bucoliques de Virgile traduites en François, avec le Latin très correct à côté, des notes historiques & critiques, & de grandes Remarques, *in-douze*, 1 l. 10 f.

Les Fables de Phedre traduites en Vers François, avec le Latin à côté, & de courtes notes critiques, *in-douze*, 1 l. 10 f.

Cours de Peinture par principes, par M. DE PILES, *in-douze*, 2 l.

Abregé de la vie des Peintres, avec des Réflexions sur leurs ouvrages, & un Traité du Peintre parfait, de la connoissance des Desseins, & de l'utilité des Estampes. Par M. DE PILES. Seconde Edition, augmentée considerablement par l'Auteur ; avec un abregé de sa Vie, *sous la Presse*.

Instructions en vers mis en air pour les Religieuses. Par le R. P. G*** P. D. L. *Brochure in-douze*, 6 f.

La Morale Chrétienne, par feu Messire ANTOINE GODEAU Evêque de Vence, à l'usage des Curez, &c. *in-douze*, 3. vol. 7 l.

Lettres choisies, du même, sur divers sujets, *in-douze*, 1. vol. 2 l. 10 f.

Moralis Christiana ex Scriptura Sacra, Traditione, Conciliis, Patribus & Insignioribus Theologis excerpta, auctore JAC. BESOMBES, *in-douze*, 8. vol. 12 l.

Traductions diverses pour former le goût de l'Eloquence sur les Modeles de l'Antiquité. Publiées ci-devant sous le titre d'*Oeuvres posthumes de M. de Maucroix*. 2 l.

——Les Catilinaires de Cicéron, avec le Latin à côté, & des Remarques du même, 1

—L'Oraison pour Marcellus, du même. *Brochure*, 4 l.

P. D. Huetii Episcopi Abrincensis Carmina, *in-douze*, 1 l.

Le Guide des Comptables, ou Maniere de rediger soi-même toutes sortes de comptes, suivant l'hypothese de la Recette, de la Dépense & de la Reprise, par le Sieur BERNARD D'HENOUVILLE, *in-octavo*, 1 l. 10 s.

La Sphere du Monde, selon l'hypothese de Copernic, presentée au Roy ; décrite, démontrée & comparée avec les Spheres & les Systemes de Ptolomée & de Tycho-Brahé. Par M. l'Abbé DE VALLEMONT. Seconde Edition, *in-douze*, *sous la Presse.* 2 l.

Traité Historique & Dogmatique des Excommunications, par M. l'Abbé D. P. *in-douze*, *sous la Presse.*

Dialogues Satyriques : *ou* Critique des Mœurs du Siecle, *sous la Presse.*

Traité sur la maniere d'écrire des Lettres, & sur le Cérémonial ; avec un discours sur ce qu'on appelle Usage, dans la langue Françoise, par M. DE GRIMAREST, *in-douze*. 1 l. 5 s.

Le Prince Kouchimen ; Histoire Tartare. Et Don Alvar del Sol ; Histoire Napolitaine, *in-douze*, 1 l.

Histoires de Pieté & de Morale, par M. l'Abbé DE CHOISY de l'Academie Françoise, *in-douze*, 2 l.

Joseph Tragédie en vers, par M. l'Abbé GENEST, *in-octavo*. 1 l.

Démonstration de l'Existence de Dieu, tirée

de la connoiſſance de la Nature , & en particulier de la connoiſſance de l'Homme ,
proportionnée à la portée des plus ſimples ,
in-douze ,   1 l. 10 ſ.
Oraiſon funebre de Meſſire François d'Aligre
Abbé de S. Jacques de Provins , prononcée
dans l'Egliſe de cette Abbaye le 19. Avril
1712. par le R. P. LENET Chanoine Régulier de cette Maiſon , *in-quarto* ,   1 l.
Jugemens des Sçavans ſur les Auteurs qui ont
écrit de la Rhétorique ; avec un précis de la
doctrine de ces Auteurs , *in-douze* , 2. vol.
ſous la Preſſe.
Extraits des Ouvrages des Peres de l'Egliſe ,
& Auteurs modernes , &c. diſpoſez pour
tous les jours de l'année. Troiſiéme Partie , *in-douze* ,   1 l. 5 ſ.

Livres provenans des fonds de Li-
brairie de Meſſieurs Elie Joſſet , &
Guillaume Deſprez ; & qui ſont en
grand nombre chez Jacques Eſtienne.

EXplication Littérale & Morale ſur l'Epi-
tre de S. Paul aux Romains , par M. LE
TOURNEUX , *in-douze* ,   1 l. 10 ſ.
—du même , Lettres à quelques perſonnes de
la Religion Prétenduë Réformée , pour les
exciter à rentrer dans l'Egliſe Catholique ,
& pour répondre à leurs difficultez , *in-*
douze ,   1 l.

—du même. L'Imitation de J. C. avec des
  Réflexions & l'Ordinaire de la Sainte Messe,
  in vingt-quatre,   1 l.
Préjugez légitimes contre les Calvinistes, par
  M. Nicole, *in-douze*,   2 l.
Regles Chrétiennes pour la conduite de la Vie,
  tirées de l'Ecriture Sainte & des Saints Peres
  de l'Eglise, *in-douze*,   1 l. 5 f.
Les deux Livres de S. Augustin, de la Pré-
  destination des Saints & de la Perséverance;
  avec des Lettres de ce saint Docteur, *in-*
  douze,   2 l.

On trouvera chez le même Libraire des
  Livres d'Assortimens, tant de France que
  des Pais Etrangers, sur toutes sortes de
  matieres.